다시, 교회

다시, 교회

지은이 | 김병삼
초판 발행 | 2023. 9. 13
등록번호 | 제1988-000080호
등록된 곳 | 서울특별시 용산구 서빙고로65길 38
발행처 | 사단법인 두란노서원
영업부 | 2078-3352 FAX | 080-749-3705
출판부 | 2078-3331

책 값은 뒤표지에 있습니다.
ISBN 978-89-531-4578-8 03230

독자의 의견을 기다립니다.
tpress@duranno.com   http://www.duranno.com

두란노서원은 바울 사도가 3차 전도여행 때 에베소에서 성령 받은 제자들을 따로 세워 하나님의 말씀으로 양육하던 장소입니다. 사도행전 19장 8-20절의 정신에 따라 첫째 목회자를 돕는 사역과 평신도를 훈련시키는 사역, 둘째 세계선교(TIM)와 문서선교(단행본·잡지) 사역, 셋째 예수문화 및 경배와 찬양 사역, 그리고 가정·상담 사역 등을 감당하고 있습니다. 1980년 12월 22일에 창립된 두란노서원은 주님 오실 때까지 이 사역들을 계속할 것입니다.

다 시,

교회

김병삼 지음

두란노

머리말

"아직, 이 땅에 교회가 필요합니다"

코로나 팬데믹을 지나고 젊은 목회자들을 대상으로 세미나를 인도할 기회가 있었습니다. 세미나가 마무리될 즈음 자유롭게 질의 응답하는 시간이 주어졌는데, 조금은 당황스러운 질문을 받았습니다.

"목사님에게 마지막 한 번의 설교할 기회가 주어진다면 어떤 설교를 하시겠습니까?"

35년 넘게 목회를 해왔지만, 한 번도 생각해 본 적이 없었던 질문이었습니다. 그 찰나에 깊은 생각을 하게 되었습니다. 그리고 아주 명확한 답이 떠올랐습니다.

"아마도 '교회'에 대한 설교를 할 것 같습니다. 교회로 부르심을 받았고, 교회를 통해 주님이 하시려는 일이 무엇인지를 늘 고민하며 살아왔으니까요."

돌이켜 보면 이러한 신념이 있었기에 만나교회 목회를 시작한 이래 '교회'에 대한 설교를 반복하고 있는 것 같습니다. 그리고 이런 생각으로 2002년에 《우리가 꿈꾸는 교회》라는 책을 출간한 이

후 《교회가 이 땅의 소망입니다》와 《치열한 도전》을 통해 교회에 대한 이야기를 계속 해 오고 있습니다.

만나교회 목회를 시작하면서 '우리가 꿈꾸는 교회'는 무엇인지, 왜 하나님이 이 땅 위에 만나교회를 세우셨는지를 고민하며 얻은 답은 '이 땅의 소망이 되는 교회'로 우리를 부르셨다는 확신이었습니다.

지난 20년 목회를 하면서 만나교회 외벽에 걸린 "교회가 이 땅의 소망입니다"라는 슬로건이 저는 참 자랑스러웠습니다. 그러나 코로나를 지나며 이 자랑스러운 슬로건이 세상 사람들의 조롱거리가 되지는 않았는지 염려가 되었습니다.

이 때문에 코로나 팬데믹을 보내고, 목회를 다시 정상적으로 시작하는 2023년 봄에 '다시 교회'를 생각하게 되었습니다. 14주 동안 교인들과 함께 이런 고민에서 출발한 생각과 교회의 미래를 나누었고, 그 이야기를 이 땅의 그리스도인과도 함께 나누고 싶었습니다. 이러한 바람이 《다시, 교회》라는 제목으로 세상에 나오게 되었습니다.

누군가 그런 이야기를 합니다. 2천 년 전 이 땅에 교회가 세워지고, 5백여 년 전 종교개혁이 일어났다면, 어쩌면 지금이 바로 '다시 교회'를 생각해야 하는 시기가 아닌지 고민해 보아야 한다고 말입니다.

'다시 교회'를 생각할 때마다 그리스도인들은 '초대교회'를 떠올립니다. 교회는 늘 교회의 위기와 혼란 앞에서 그 답을 초대교회에 물어 왔습니다. 초대교회에는 교회를 세우신 주님의 본질적인 뜻과 마음이 들어 있기 때문입니다.

교회의 원초적인 모습을 떠올리며 '다시 쓸모 있는 교회로', '다시 감격 있는 예배로', '다시 쓰임받는 성도로', 그리고 '다시 벽을 허무는 사랑으로'라는 네 가지 주제를 다루어 보았습니다.

코로나 팬데믹으로 힘겨운 시간을 지나오며 교회가 이 땅에 왜 존재해야 하는지를 의심하는 사람들에게 아직도 교회가 필요하다는 것을 말하고 싶었습니다. 교회에서 예배를 드리지 못하는 상황에서 신앙의 역동성을 잃어버린 한국 교회 성도들에게 '다시 가슴 뛰는 예배로' 돌아가자고 이야기하고 싶었습니다. 교회와 기독교인들에게 호의적이지 않은 사람들에게도 '다시 쓰임 받는 성도'가 되자고 말하고 싶었습니다. 마지막으로 그리스도인들이 가진 가장 강력한 무기인 '사랑'으로 벽을 허물 수 있다면 소망이 있다는 생각을 함께 나누고 싶었습니다.

《다시, 교회》는 먼저 만나교회 교인들과 함께 나누었던 고민과 비전이지만, 한국 교회의 모든 성도, 목회자와 나누고 싶었던 이야기이기도 합니다. 이 책의 내용은 어떻게 보면 새로울 것이 없을지도 모릅니다. 이미 성경이 우리에게 보여준 이야기들이기 때문입니다. 그런데 우리가 잊었습니다. 왜곡해 버렸습니다. 《다시, 교회》를 통해 새로운 깨달음을 얻는 것이 아니라, 우리가 잊고 있던 교회의 본질적인 모습을 다시 생각할 수 있으면 좋겠습니다. '다시 교회'를 생각하며, 다시 우리의 가슴이 뛰기를 갈망합니다.

2023년 9월
분당 만나교회 목양실에서
김병삼

차례

Part 1

다시, 쓸모 있는 교회로

42 그들이 사도의 가르침을 받아 서로 교제하고 떡을 떼며 오로지 기도하기를 힘쓰니라

43 사람마다 두려워하는데 사도들로 말미암아 기사와 표적이 많이 나타나니

44 믿는 사람이 다 함께 있어 모든 물건을 서로 통용하고

45 또 재산과 소유를 팔아 각 사람의 필요를 따라 나눠 주며

46 날마다 마음을 같이하여 성전에 모이기를 힘쓰고 집에서 떡을 떼며 기쁨과 순전한 마음으로 음식을 먹고

47 하나님을 찬미하며 또 온 백성에게 칭송을 받으니 주께서 구원받는 사람을 날마다 더하게 하시니라

1. 초대교회는 참 매력이 있었습니다

점차 국가 경제가 발전하고 잘살게 되면 사람들이 '웰빙(Well Being)' '웰다잉(Well Dying)' 같은 주제에 주목합니다. 먹고살기 힘들 때는 그렇지 않지요. 그때는 어떻게든 많이 먹고 좀 더 크는 것이 자랑입니다. 1970년대 국내 한 기업이 '우량아선발대회'라는 것을 개최했는데, 지금 생각해 보면 선발 기준이 우량아라기보다는 비만아에 더 가까웠던 게 아닌가 싶습니다. 지금은 아이를 그렇게 키우지 않아요. 성장에 필요한 영양을 골고루 담아 적당히 먹여 발달 과정에 알맞게 키웁니다. 무조건 크게 키우기보다는 건강하게 키우는 데에 초점을 맞춥니다.

아이들뿐만이 아닙니다. 과거에는 모든 사회가 성장 지향적이었고, 교회도 그랬습니다. 교회에 얼마나 많은 사람이 모이는가를 중요하게 생각했고, 사람이 많이 모이면 더 큰 건물을 지었습니다. 그걸 소위 '부흥하는 교회'라고 말했습니다. 그러나 이제는 교회도 크기가 아니라 질에 대한 문제에 관심을 갖게 되었습니다. 겉모양보다는 본질적인 문제에 관심을 갖기 시작한 것입니다. 우리는 과연 교회의 본질에 충실한가에 대한 문제는 앞으로도 그리스도인 사이에 아주 중요하게 다뤄져야 할 주제라고 생각합니다.

언젠가 과대포장에 관한 신문기사를 읽은 기억이 있습니다.

'질소를 샀더니 과자가 들어 있었다'는 우스갯소리가 있을 정도로, 빵빵한 봉지를 까 보면 과자의 양이 생각보다 많지 않다는 것입니다. 기사 중에는 이런 내용이 있었습니다.

"물건을 잘 팔기 위해 포장을 잘하는 것은 중요하다. 그런데 그 포장을 뜯고 과자를 먹어 본 사람들은 더 이상 포장에 현혹되지 않을 것이다."

이 과대포장이란 주제를 교회에 대입해 봅시다. 이제 사람들은 으리으리한 교회 건물, 겉으로 보이는 모습들에 현혹되지 않을 것입니다. 처음에야 그런 것에 이끌려 한번 가 볼 수는 있겠지만, 몇 주 지나지 않아 그곳의 실체를 보고 나면 빠른 속도로 등을 돌려 버리고 말 것입니다.

그렇다면 이 땅의 교회는 어때야 할까요? 어떻게 하면 믿지 않는 사람들에게 매력적인 교회로 다가갈 수 있을까요?

매력을 잃은 교회

저는 매력적인 교회를 생각할 때마다 초대교회가 떠오릅니다. 우리가 닮아 가려는 교회의 모습이 초대교회에 있기 때문입니다. 과연 초대교회는 어땠는지 살펴봅시다.

당시 이스라엘은 로마의 속국이었습니다. 이게 무슨 말일까요? 이스라엘이 로마에 바쳐야 할 세금이 많았다는 뜻입니다.

그런데 그 와중에 이스라엘의 중간 계층에는 그 세금을 착취하는 사람들이 있었습니다. 성경에서 세리를 부정적으로 이야기하는 이유가 바로 이것입니다. 설상가상 이스라엘은 신정국가였기 때문에 그 어려운 상황 가운데서도 늘 예루살렘 성전에서 제사를 드려야 했지요. 그러려면 제물이 필요했는데, 그것을 가지고 돈을 갈취하는 장사꾼들이 있었습니다. 예수님이 수난주간 성전에 가셔서 그곳을 정화하신 사건을 기억할 것입니다.

> 그들에게 이르시되 기록된 바 내 집은 기도하는 집이 되리라 하였거늘 너희는 강도의 소굴을 만들었도다 하시니라(눅 19:46).

이렇게 안팎으로 이스라엘 백성은 수난을 당하고 있었습니다. 그런데 그때 그들에게 아주 새로운 종교, 새로운 믿음의 공동체가 등장합니다. 바로 초대교회입니다. 그들은 남의 돈을 갈취하지 않고 오히려 서로의 필요를 따라 나누었습니다. 그들은 모여서 기도하기에 힘썼고, 하나님을 찬미했습니다. 무엇보다 예수님의 십자가와 부활을 믿었습니다.

> 32 믿는 무리가 한마음과 한 뜻이 되어 모든 물건을 서로 통용하고 자기 재물을 조금이라도 자기 것이라 하는 이가 하나도 없더라 33 사도들이 큰 권능으로 주 예수의 부활을 증언하니 무리가 큰 은혜를 받아 34 그중에 가난한 사람이 없으니 이는 밭과 집

있는 자는 팔아 그 판 것의 값을 가져다가 ³⁵ 사도들의 발 앞에
두매 그들이 각 사람의 필요를 따라 나누어 줌이라(행 4:32-35).

사람들은 그들을 칭송했습니다. 아주 새로운 교회 공동체라
고 생각했고, 매력적이라고 여겼습니다. 그들 사이에서 일어나
는 일들을 보면서 '어떻게 저렇게 살 수 있지?' 하고 감탄하며 부
러워했습니다.

우리도 그런 적이 있습니다. 몇십 년 전만 해도 교회에서 유
치원이나 학원, 대안학교 등을 시작하면 꽤 인기가 있었습니다.
사람들 사이에는 '교회에서 하는 거라니 좋은 거겠지'라는 막연
한 신뢰가 있었습니다. 그때만 해도 교회 다니지 않는 사람들이
교회와 교인들을 매력적으로 바라봐 주었습니다. 그런데 현대
교회의 문제는 그때의 매력을 잃어버렸다는 것입니다.

사도행전 5장에 아나니아와 삽비라라는 사람이 나옵니다. 둘
은 초대교회가 하는 일들이 매력적이라고 생각했던 것 같습니
다. 그래서 '우리도 저들이 하는 것처럼 따라 해 봐야겠다'고 생
각했습니다. 둘은 가진 재산을 다 팔아 헌금합니다. 그래 놓고
중간에 얼마를 숨긴 것이 문제가 되지요. 자신들의 재산 전부를
헌금한 것처럼 속이자 베드로가 그 속을 꿰뚫어 보고 "너희가 성
령님을 속이고 하나님께 거짓말하고 있구나" 하고 말합니다. 그
러자 그 자리에서 아나니아가 죽고, 이어서 삽비라도 죽습니다.
하나님을 속인 일에 대한 심판이었습니다.

사도행전 8장에는 이런 이야기도 나옵니다. 예수님의 제자들이 병 걸린 자들에게 안수하자 신유의 역사가 일어납니다. 그런데 그 상황을 지켜보던 시몬이라는 사람이 "내가 돈을 줄 테니 그 능력 내게 좀 파시오" 합니다. 가만 보면 초대교회 때는 믿음이 없는 사람이 교회가 행하는 놀라운 일들을 보며 흉내 내려고 합니다. 지금으로 따지자면 사이비와 이단이 나타났다는 것입니다.

베들레헴과 예루살렘 지역으로 성지순례를 간 적이 있습니다. 거기서 참 재미있는 것들을 봤는데요, 즐비해 있는 카페 중에 'Square Bucks' 'Stars&Bucks Cafe'라는 간판이 있더군요. 디자인도 어딘가 익숙하게 느껴졌습니다. 예루살렘에도 비슷한 것이 있었는데, 무려 카페 이름이 'Better Than Starbucks(스타벅스보다 맛있는)'였습니다. 왜 카페에 이런 이름을 붙였을까요? 사람들이 스타벅스에 그만한 매력을 느낀다는 것입니다.

소위 '짝퉁'이 있다는 것은 그 짝퉁이 따라한 '명품'이 있다는 말입니다. 명품이 없으면 짝퉁도 없습니다. 이단과 사이비가 존재한다는 것은 본질적인 신앙이 존재하고 있다는 말입니다. 반대로 이 시대에 사이비와 이단이 더 이상 나타나지 않는다면 교회가 완전히 매력을 잃었다는 이야기일 것입니다.

본질을 잃은 것은 아닌가

우리는 비그리스도인의 관점에서 교회를 볼 필요가 있습니다. 요즘 인기를 얻고 있는 드라마나 영화 등을 보면 기독교, 교회가 참 우스꽝스럽게 묘사되지요. 교회는 마치 정신이상자들의 소굴 같고 기괴하며 그리스도인들은 가식적이고 비열하기 짝이 없습니다. 참 마음이 아픈 일입니다. 세상이 바라보는 교회의 모습, 그리스도인의 모습이 그렇다고 생각하면 정신이 번쩍 듭니다.

2021년 한국리서치가 발표한 "2021년 주요 종교 호감도 및 종교 효능감 조사 결과"[*]를 보면, 눈에 띄는 내용이 있습니다. 신자 별 개신교 호감도를 나타낸 그래프인데, 개신교 신자들은 71.2퍼센트 정도가 스스로를 호의적으로 바라보는 반면, 천주교나 불교, 기타 종교나 무교인 사람들은 고작해야 20-30퍼센트만 개신교를 호의적으로 바라본다는 내용이었습니다. 한국리서치는 이 조사 결과에 대해 "개신교는 개신교 신자들만 높은 호감도를 가질 뿐 타 종교인과 무종교인들에게는 부정적인 이미지가 여전하다"고 분석했습니다.

정체성에는 두 가지가 있는데, '나 스스로가 바라보는 나'와 '남이 바라보는 나'입니다. 물론 남의 시선이 모두 옳지도 않고, 그 시선을 지나치게 의식할 필요는 없지만, 때로는 외부에서 바

---

[*] 한국리서치 여론속의 여론 https://hrcopinion.co.kr/archives/20279

라보는 내 모습이 정확할 때가 있습니다. '남이 나를 어떻게 알아?' 하고 치부할 문제는 아니라는 것입니다. 정말 가슴 아픈 이야기이지만, 우리는 교회가 매력을 잃었다는 사실을 인정하고 마주해야 합니다.

우리가 잃어버린 것은 어쩌면 기독교의 본질인지도 모르겠습니다. 본질을 잃어버렸기 때문에 매력까지 잃은 것이지요. 방송국 프로듀서와 이야기를 나눈 적이 있습니다. 기독교 방송에서 제작해야 할 콘텐츠 중에 하나가 '세상의 문제에 대하여 답을 하는 것'이라고 말입니다. 그런데 함께 이야기를 나누던 어느 목사님이 그러더군요.

"목사님, 사람들이 문제를 더 이상 교회에 가지고 오지 않는다는 것이 문제입니다."

이것이 교회의 본래 모습일까요? 아닙니다. 초대교회를 보면 당시 사람들이 먹고사는 문제를 가지고 교회로 찾아왔습니다. 그러면 교회는 그 문제에 답을 주었습니다. 이처럼 교회는 삶의 문제에 답을 줄 수 있어야 합니다. 그런데 그 방법이 세상의 방식과는 달라야 합니다. 세상 사람들의 상식을 깨트려야 합니다. 세상과 같은 방식으로 경쟁하고 다투고 시샘하고 힘자랑하면 누가 교회를 찾겠습니까? 교회의 방식은 복음에 근거해야 합니다. 교회가 매력을 잃었다는 것은 곧 복음의 본질을 잃었다는 말입니다. 다시 이 매력을 회복해야 합니다. 복음의 본질을 되찾을 때 우리는 매력을 되찾을 수 있습니다.

칭송받는 교회를 꿈꾸다

초대교회는 '본능적 이끌림'이 있었던 곳이었습니다. A.D. 313년에 콘스탄티누스가 밀라노 칙령을 내립니다. 당시 로마에는 많은 종교가 있었는데, 그중에 기독교를 하나의 종교로 공인한 것입니다. 이 사건으로 기독교는 더 이상 박해를 받지 않았습니다. 밀라노 칙령을 내렸을 당시에 그리스도인은 인구의 10퍼센트를 넘지 않았습니다. 그럼에도 나라에 흉년이 들거나 이방 족속들이 쳐들어와 어려움을 당할 때면, 로마 제국은 그리스도인들을 통해 양식을 나누어 주었습니다. 혼란한 시기에 가장 믿을 만한 사람이 그리스도인이라 생각했던 것입니다. 그 무렵 그리스도인을 이르는 말로 'Hospitality(환대)'라는 단어를 빈번하게 사용했습니다.

그러다가 380년이 되면 테오도시우스가 기독교를 로마의 국교로 삼습니다. 그때까지 로마의 황제들은 다 그리스도인이었는데, 유일하게 율리아누스만이 기독교를 배교했습니다. 그래서 역사는 그를 '배교자 율리아누스'라고 기록합니다. 율리아누스는 이교를 부흥시키기 위해 여러 정책을 썼는데, 그 과정에서 이교의 사제들에게 편지를 보냅니다. 제가 신학을 공부할 때 그 편지를 가지고 역사적으로 고증하는 일을 주로 했는데, 거기에 보면 이런 말이 나옵니다.

"이교도를 부흥시키기 위해서 너희는 기독교를 본받아라."

기독교의 가장 큰 매력은 박해로 죽어 가던 그리스도인들의 모습이었습니다. A.D. 200년 경 지독한 기독교 박해의 시기에 페르페투아가 순교하는 사건이 일어납니다. 당시에는 그리스도 인들이 여러 가지 방법으로 순교를 당했는데, 사자에 물려 죽기도 하고, 화형을 당하기도 하고, 벌거벗겨진 채로 물소 뿔에 받혀 죽기도 했습니다. 페르페투아는 물소 뿔에 받혀 죽었습니다. 그녀는 귀족이었습니다. 아직 스무 살을 조금 넘긴 젊은 나이였습니다. 그리스도인이라는 이유만으로 투옥되었을 때 가족들이 찾아와 배교할 것을 강요했지만, 그녀는 순교를 택했습니다. 페르페투아의 이야기를 담은 문서를 보면 그녀가 원형경기장으로 끌려 나올 때 노예인 펠리치타의 손을 잡고 나타났다고 합니다. 당시만 해도 노예는 소유물일 뿐 인격적 대상이 아니었기 때문에 주인이 노예의 손을 잡는다는 것은 상상할 수 없는 일이었답니다. 그런데 그녀는 펠리치타의 손을 잡았을 뿐 아니라 순교의 순간 작별의 입맞춤을 나눕니다.

페르페투아의 순교 장면을 보면서 사람들은 생각했습니다. 죽음 앞에서 신분의 어떠함을 따지지 않고 인간애의 숭고함과 거룩함을 보여 주는 저들은 누구인가. 저들은 어쩌면 저리도 담대하게 죽음을 맞이하는가. 로마 문서 중에 "기독교는 참 이상하다. 두 명을 죽이면 네 명의 그리스도인이 생긴다. 열 명을 죽이면 스무 명의 그리스도인이 생긴다. 저들은 죽일 때마다 배로 늘어난다"라는 기록이 있습니다. 당시 사람들은 그리스도인들을 매력적으로 바라봤습니다. 지금 봐도 참 매력 있습니다. 그들과 우리의 차이가 무엇입니까?

초대교회 문서들을 보면 종종 나오는 이야기가 있습니다. 그리스도인은 이 땅에 거주민으로 살지만 나그네였다는 말입니다. 멋있지 않습니까? 그런데 우리는 이 땅의 주인이 되려고 합니다. 교회 안에서 그런 이야기를 많이 하지요.

"예수 믿는 우리가 복 받아야 안 믿는 사람도 보고 복음에 관심을 갖죠."

그런데 세상은 예수 믿고 출세하고 부자가 된 사람들의 이야기가 아니라, 복음 때문에 핍박을 기꺼이 받아들인 사람들을 보며 감동합니다. 돈은 믿음이 없어도 얼마든지 벌 수 있습니다. 오히려 불의한 방식으로 많이 법니다. 그러나 신앙을 갖고도 불의한 방식을 버리지 못하면 세상은 그런 그리스도인을 손가락질합니다. 돈의 가치가 큰 세상에서 핍박을 받더라도 불의와 타협하지 않는 그리스도인을 세상은 매력적으로 봅니다. 결국 우리가 믿음 안에서, 신앙 안에서 거룩하게 살아가는 모습이야말로 매력적인 그리스도인의 모습인 것입니다.

알랜 크라이더(Alan Kreider)의 《초대교회에 길을 묻다》에 보면 초대 교부였던 오리게네스가 초대교회 당시 그리스도인을 묘사한 글을 소개합니다.

"(그리스도인들은) 보통 가정집에서는 옷감을 짜는 직조공, 구두를 고치는 수선공, 빨래하는 일꾼들이나, 가장 무식하고 촌스러운 사람들이 일하는 것을 보게 된다. 그들은 나이 드신 어른들이나 아는 게 많은 주인 앞에서 아무 말도 하지 않는다. 그러나 그리스도인들이 아이들이나 무식한 여인네들을 개인적으로 만나면, 그들의 아버지나 학교 선생님들의 말을 듣지 말고 자신들을 따르라는 놀라운 말을 하곤 한다. … 그리스도인들은 자신들만이 삶의 바른 길을 알고 있다고 말하곤 한다."

어떻습니까? 가정집이나 작은 공방에서 일을 한 가장 무식하고 촌스러웠던 사람들. 주인 앞에서는 아무 말도 못했던 사람들. 그들은 매력적인 모습과는 거리가 먼 것 같습니다. 그런데 그런 그들이 아이들이나 여인을 만나면 사회적 권위나 위계질서에 순응하지 말라고 가르쳤답니다. 그러면서 그리스도인인 자신들을 따르라고 말했답니다. 자신들만이 삶의 바른 길을 안다고 말했답니다. 사회적으로 힘도 능력도 없는 사람들이었는데, 그들의 이러한 삶의 방식이 사람들의 눈길을 끌었습니다. 힘 있는 사람이 힘없는 사람을 억누르는 세상 한가운데서 그들은 세상에 속하지 않은 나그네로 살았습니다.

우리가 그렇게 산다면 어떨까요? 초대교회의 교인들처럼 말입니다. 성경은 그들이 "온 백성에게 칭송을 받"(행 2:47)았다고 기록합니다. 우리가 꿈꾸는 매력적인 교회의 모습이 바로 그런 모습입니다. 이웃의 칭송을 받는 교회, 너도나도 문을 활짝 열고 들어오고 싶은 교회, 이런 교회를 만드는 것이 우리의 꿈이 되어야 합니다.

요즘은 신도시에 교회가 세워진다고 하면 사람들이 반대한다고 합니다. 교회가 들어오면 시끄럽고 주차 문제가 생긴다는 것입니다. 어느새 교회가 혐오시설이 되었습니다. 정말 가슴 아픈 이야기입니다. 교회 때문에 우리 인생의 문제가 해결되어야 합니다. 교회 근처 집으로 이사 오려는 사람이 많아져야 합니다. 신도시가 생길 때 사람들이 지자체를 향해 '이 동네에는 꼭 교회가 있어야 합니다! 교회 부지를 만들어 주세요!' 하고 요청하는 시대가 오기를 꿈꿉니다.

알랜 크라이더는 《초대교회에 길을 묻다》에서 A.D. 200년경 북부 아프리카에 살았던 그리스도인들에 관해 이야기합니다.

"우리의 숫자가 날마다 증가하는 것은 실수가 아니라 좋은 증거입니다. 삶의 아름다움이 교인들을 인내하게 하고, 낯선 이들이 참여하게 합니다. … 우리는 위대한 것을 설교하는 것이 아니라, 위대한 것을 살아가고 있습니다."

설교나 프로그램, 또는 우리의 예배의 어떠함이 교회를 성장하게 하는 것이 아닙니다. 하나님의 능력과 변화된 삶이 사람들을 신앙으로 이끄는 것입니다.

초대교회 문서를 보면 당시 교회가 부흥할 수 있었던 이유가 사도들이 영적 일탈을 일삼는 자들이었기 때문이라고 말합니다. 우리는 일탈이라고 하면 부정적인 의미로 받아들입니다. 그러나 여기에서 말하는 일탈이란 이 시대를 살아가는 사람과 다른 방식으로, 복음으로, 진리로 살아갔다는 의미입니다. 그렇게 살았기 때문에 그들을 통해 생명을 살리는 일들, 교회 부흥의 역사가 일어난 것입니다. 우리가 다시 꿈꾸는 교회도 이와 같아야 합니다. 교회 안에 복음의 본질이 살아나기를, 예수 믿는 자들의 삶이 매력적으로 드러나기를, 본능적으로 이끌리는 교회가 되기를 꿈꿉니다. 우리 교회가, 나아가 한국 모든 교회가 이런 교회를 꿈꾸기를 바랍니다. 교회 안에 복음의 능력과 본질이 살아나기를 간절히 소망합니다.

42 그들이 사도의 가르침을 받아 서로 교제하고 떡을 떼며 오로지 기도하기를 힘쓰니라

43 사람마다 두려워하는데 사도들로 말미암아 기사와 표적이 많이 나타나니

44 믿는 사람이 다 함께 있어 모든 물건을 서로 통용하고

45 또 재산과 소유를 팔아 각 사람의 필요를 따라 나눠 주며

46 날마다 마음을 같이하여 성전에 모이기를 힘쓰고 집에서 떡을 떼며 기쁨과 순전한 마음으로 음식을 먹고

47 하나님을 찬미하며 또 온 백성에게 칭송을 받으니 주께서 구원받는 사람을 날마다 더하게 하시니라

2. 세상에 그리스도의 향기를 나타냅시다

교회란 무엇일까요? 우리는 어떤 교회를 꿈꿔야 할까요? 교회의 본질을 생각해 봅시다.

우리는 흔히 '모이는 교회' '흩어지는 교회'라는 말을 많이 합니다. 교회를 뜻하는 라틴어 단어 '에클레시아' 자체가 '믿음을 고백하는 회중의 모임'이라는 뜻이니 분명히 모이는 것이 교회라는 사실을 알고 있습니다. 그러나 그것이 교회의 주된 목적, 즉 본질은 아닙니다. 모이는 교회는 우리의 우선순위(Priority)입니다. 교회의 최종 목적(Purpose)은 흩어지는 데 있습니다.

교회가 단순히 '모이는 것'에 목적을 두기 시작하면서 뭔가 잘못되기 시작했습니다. 어느 때부터인가 한국 교회는 성장이 목적이 되었습니다. 목회자들이 더 많이 모이는 것을 위해 일하고, 그 목적을 이루기 위해서 하나님의 뜻과 멀어지는 일들을 서슴지 않고 행하곤 했습니다. 그러다 보니 교회에 사람들이 모이기는 하는데 부끄러운 일들도 생겼습니다. 우리가 갈망하는 초대교회의 모습, 하나님을 예배하고 백성들에게 칭송을 받았던 모습이 아니라 교회가 세상의 부끄러움이 되어 가고 있습니다.

성경의 사복음서는 예수님이 공생애 기간 동안 하셨던 일들을 이야기합니다. 그런데 그 내용을 살펴보면 사복음서에서 동일하게 예수님의 사역이 나뉘는 분기점이 등장합니다. 예수님의 초창기 사역은 가난한 자를 돌보시고, 병든 자를 살리시고, 주린 자를 먹이시는 일들, 즉 인간이 살아가는 데 있어 꼭 필요한 것들을 위해 일하셨습니다. 그래서 성경은 예수님을 따르는 허다한 무리, 군중들이 있었음을 계속해서 언급합니다. 그런데 이 허다한 무리가 떠나가는 사건이 등장합니다.

예수님이 제자들에게 물으십니다.

"사람들이 나를 누구라 하느냐? 너희는 나를 누구라 하느냐?"

베드로가 대답하지요.

"주는 그리스도시요, 살아 계신 하나님의 아들입니다."

예수님은 베드로의 고백 위에 교회를 세우리라 약속하십니다. 그리고 이때부터 예수님은 제자도를 말씀하십니다.

무리와 제자들을 불러 이르시되 누구든지 나를 따라오려거든 자기를 부인하고 자기 십자가를 지고 나를 따를 것이니라 (막 8:34).

그런데 신기한 일이 벌어집니다. 예수님을 따르겠다고 말했던 허다한 무리와 군중이 예수님을 떠나갑니다. 예수님이 십자가를 지셨을 때는 사도 요한과 몇몇 여자들을 빼고는 남아 있는 자가 없었습니다.

우리는 교회에 왜 모입니까? 예수님을 따르기 위해서 모입니까, 아니면 필요를 채우기 위해서 모입니까? 이 본질적인 물음을 우리가 던져야 합니다.

흩어질 때 더욱 선명해지는 교회

저는 운동 삼아 테니스를 즐겨 칩니다. 20년 정도 쳤습니다. 유학을 마치고 한국에 와서도 테니스 코트를 다녔는데, 동네다 보니 그곳 사람들이 제가 목사인 것을 알아서인지 허드렛일을 안 시키더군요. 한번은 나도 봉사를 해야겠다는 생각에 일찍 나가서 코트에 라인 그리기를 시도했습니다. 마킹기에 횟가루를 넣고 굴리는데, 이게 생각처럼 반듯하게 그려지지 않았습니다. 줄을 긋고 나서 보면 비뚤어져 있고, 지우고 다시 그리는데도 여전히 비뚤었습니다. 그때 코트에 온 어떤 분이 제게 이렇게 조언해 주었습니다.

"목사님, 줄을 똑바로 그리려면 땅을 보지 말고 앞을 보고 가세요. 가는 방향을 정하고 그곳을 보면서 쭉 가세요."

그분의 조언대로 해 보니 정말 선이 똑바르게 그려졌습니다. 그때 제가 깨달은 것이 있습니다. 눈앞에 놓인 상황보다 바라보는 목적지를 분명히 하는 일이 더 중요하다는 것입니다. 우리가 올바른 목적지를 보고 곧바로 갈 때 올바른 방향으로 나아갈 수 있습니다. 교회도 그렇습니다.

교회의 목적은 모여서 예배 드리는 일이 아닙니다. 초대교회를 살펴볼까요? 그들은 교회에 하나님을 칭송하기 위해 모였습니다. 기도하기 위해서, 떡을 떼기 위해서, 서로 교제하고 필요를 나누기 위해서 모였습니다. 그들이 거기 모인 이유가 분명했습니다. 그들은 하나님 중심의 교회였습니다. 그들은 모인 사람들이 무엇을 하는가에 관심을 가졌습니다. 그런데 교회 중심적인 교회는 모인 사람이 무엇을 하는가에는 관심이 없습니다. 단지 얼마나 많은 사람이 모이느냐에 관심이 있습니다. 기도회에 얼마나 많은 사람이 참석했는지, 얼마나 많은 사람이 호응했는지에 관심이 있습니다. 우리가 꿈꾸는 교회가 단지 성도 수만 가득한 교회가 아니길 바랍니다. 교회 중심의 교회가 아니라, 하나님 중심의 교회를 꿈꾸기 바랍니다.

여느 단체가 그렇듯, 교회는 리더의 비전을 함께 따라갑니다. 하나님이 저를 만나교회 담임목사로 불러 주셨을 때 제게 하나님 중심의 교회를 세워 가는 비전을 주셨습니다. 그리고 그것을 실천하는 방법 중 하나가 농촌 교회, 미자립교회를 지원하고 함께 상생하는 것이었습니다. 그런 꿈을 꾸게 된 이유가 있습니다. 제가 처음 목회하던 곳이 강원도 영월의 한 교회였는데, 짧은 시간 목회했는데도 많은 사람이 모였던 기억이 납니다. 저만의 노력은 아니고, 만나교회의 도움이 컸습니다. 물질적인 도움보다는 성경학교며 여러 행사에 일손을 보태 주고 함께해 준 것이 정말 큰 힘이 되었습니다. 그러다가 제가 군입대를 했고, 그 사이에 영월 교회가 흩어져 버렸습니다. 유학을 다녀와 만나교회 청년부를 맡기까지 영월은 제게 안타까운 마음이 남아 있는 지역이었습니다. 그 안타까움을 담아 만나교회 청년들에게 비전을 선포했습니다.

"우리가 함께 영월군에 있는 작은 교회들을 살려 보면 어떨까요?"

그때가 25년여 전이니까 만나교회도 그렇게 규모가 있을 때가 아니었습니다. 그럼에도 청년 70-80명 정도가 2박 3일 휴가를 내서 이 사역에 동참해 주었습니다. 우리는 전도 팀, 교회학교 교사 팀, 농활 봉사 팀, 의료 팀, 식사 준비 팀 등을 나눠 열심히 준비했습니다. 교회에 가서는 맨바닥에서 자면서 섬기는 일들을 했습니다. 오히려 그곳에서 섬기던 우리가 더 큰 은혜를 받았습니다.

그런데 그 후로 영월 교회에서 연락이 왔습니다. 지난 사역으로 교회학교가 살아나고 교회에 불씨가 심겨진 것 같다면서 매주 만나교회 청년들이 와 주었으면 좋겠다고 말이지요. 정말 감사한 소식이었습니다. 거절할 이유가 뭐겠습니까? 마음 같아선 당장이라도 달려가 돕고 싶었습니다. 그러나 서울과 영월은 물리적으로 너무 먼 거리기 때문에 생각해 볼 문제였습니다. 만나교회 청년들이 매주 그곳에 가서 봉사하려면 새벽 일찍 출발해 예배를 드리고 이런저런 일을 도운 후 늦은 밤이 되어서야 돌아올 수 있었습니다. 거기다 저는 청년부 목사로서 교회에서 인정

받으려면 '청년부의 부흥'을 보여 주어야 했습니다. 사역자에게 있어 소위 '성공한 사역'의 기준이 뭘까요? 일반적으로는 성도 수가 많이 늘어나는 것이지요. 그렇다 보니 매 주일 아침마다 청년부 수십 명을 다른 교회로 보낸다는 것이 쉽지 않았습니다. 고민이 되었습니다.

그런데 그때 하나님이 제게 쉽게 답을 주셨습니다.

"너는 네가 하는 일을 사람에게 인정받기를 원하니, 아니면 하나님인 나에게 인정받기를 원하니?"

하나님이 기뻐하시는 일을 하려다 보면 사람의 인정을 받지 못할 수 있습니다. 사람들에게 인정받으려고 하니까 하나님이 기뻐하시는 일을 할 수가 없는 것입니다. 그때 저는 사람에게 인정받는 교회가 아니라 하나님이 기뻐하시는 일을 하는 교회, 하나님 중심의 교회를 꿈꿨습니다.

만나교회의 담임을 맡게 되면서 그날 하나님이 제게 주셨던 마음을 회복하고 싶었습니다. 만나교회가 변치 않고 하나님 앞에 서기를, 정말 하나님이 기뻐하시는 교회가 되기를 꿈꿨습니다. 그런 일들을 겪었기 때문에 저는 수년 전부터 교회에 토요예배를 선포하고 지금까지 이끌어 왔습니다. 사실 그 일로 이단이 아니냐는 이야기를 정말 많이 들었습니다. 지금도 여전히 듣고 있습니다. 그런데 토요예배는 교회가 교회로서 역할을 잘 감당하기를 바라면서 시작한 일입니다.

코로나 팬데믹을 맞이하기 전에 만나교회가 참 많이 부흥했습니다. 성도의 수가 눈에 띄게 늘어났습니다. 참 감사한 일입니다. 그런데 문제가 생겼습니다. 예배 공간이 녹록하지 않았습니다. 그럴 때 여러 방법이 있을 것입니다. 예배 횟수를 늘리고, 많은 성도를 다 수용할 수 있는 예배당을 지을 수도 있겠지요. 그러나 그렇게 한다면 정말 많은 재정이 필요합니다. 헌금이 모두 다 그쪽으로 흘러갈 것입니다. 하나님이 그 일을 기뻐하실 것 같지 않았습니다. 그때, '우리가 흩어져야 하겠다'는 생각이 들었습니다.

사실 처음부터 토요예배를 계획했던 것은 아닙니다. 그저 교인들에게 주일에 도움이 필요한 다른 교회에 가서 사역을 돕고 함께 예배도 드리면 어떻겠느냐고 권면했습니다. 백여 개 정도의 교회 리스트를 뽑아 나누기도 했습니다. 그랬더니 어떤 분들은 "어떻게 본 교회에서 주일예배를 드리지 않습니까?" 하고 묻습니다. 그래서 토요예배를 마련했습니다.

그렇지만 아직도 만나교회의 주일예배는 문전성시입니다. 매시간 예배당이 꽉 차서 로비에서도 예배를 드립니다. 그럴 때마다 저는 기도합니다.

"하나님, 많은 사람이 모이게 해 주시니 감사합니다. 그럴수록 우리가 이 예배를 통해 해야 하는 일을 정직하게 바라보게 해 주옵소서. 더 이상 욕심을 부리는 목사가 되지 않게 해 주옵소서. 우리를 필요로 하는 사역을 위해 흩어지는 교회가 되게 해 주옵소서."

1년 만이라도 좋습니다. 토요예배에 헌신하고, 또 하나님 앞에 사역자로서 기뻐하실 일을 해 보자는 마음으로 여기에 참여해 준다면 좋겠습니다. 나보다 신앙이 여린 사람들에게 자리를 양보할 수 있으면 좋겠습니다. 우리가 사람에 의해 외형적인 모습으로 평가되는 것이 아니라 하나님이 기뻐하시는 일을 할 수 있다면 좋겠습니다.

하나님의 관심은 교회가 아니라 세상에 있다

경제학자이자 미래학자인 피터 드러커(Peter Drucker)가 이런 말을 했습니다.

"모든 조직의 목적은 외부 사람들을 섬기기 위해서다. 조직이 내부 사람들을 섬기기 위해 존재할 때 그 조직은 사멸한다."

2천 년 역사를 통해 보니, 교회가 교회를 위해 존재할 때 그 교회의 존재 목적이 사라집니다. 교회는 하나님이 부르시고 쓰실 때 존재 이유가 있습니다. 하나님이 누구를 위해 어떻게 쓰시느냐에 목적이 있습니다. 어떤 교회로 쓰임받기를 원합니까?

이런 생각을 한 적이 있습니다.

'과연 하나님은 믿는 사람과 믿지 않는 사람 중에 누구를 더 사랑하실까?'

하나님이시라면 구분 없이 다 사랑하실 것 같습니다. 그런데 질문을 이렇게 바꾼다면 어떨까요?

'하나님은 믿는 우리와 아직 믿지 않는 사람 중 누구에게 더 관심이 있으실까?'

제 생각에 하나님은 아직 믿음이 없는 사람에게 더 관심이 있으실 것 같습니다. 예수님이 왜 이 땅에 오셨습니까? 하나님은 왜 독생자이신 예수 그리스도를 보내셨을까요? 이 질문에 대해 성경은 "하나님이 세상을 이처럼 사랑하사"(요 3:16)라고 기록합니다. 예수님이 이 땅에 오셨을 당시 그분을 따르던 무리가 있었습니다. 그 무리에는 예수님의 제자도 있었고, 예수님을 매력적으로 생각하던 바리새인, 사두개인 같은 종교인도 있었습니다. 그들의 불만은 "예수님은 우리 같은 사람들과 공동체를 이루셔야지, 왜 저 죄인들, 세리들, 창녀들에게 관심을 가지실까? 왜 그들과 교제하고 함께 식사하시는 걸까?"였습니다. 그때 예수님이 이사야서 말씀을 인용하시면서 아주 명확하게 사명선언문을 이야기하십니다.

> 18 주의 성령이 내게 임하셨으니 이는 가난한 자에게 복음을 전하게 하시려고 내게 기름을 부으시고 나를 보내사 포로 된 자에게 자유를, 눈 먼 자에게 다시 보게 함을 전파하며 눌린 자를 자유롭게 하고 19 주의 은혜의 해를 전파하게 하려 하심이라 하였더라(눅 4:18-19).

예수님이 이 땅에 오신 이유는 교회 공동체를 위해서가 아니라는 말씀입니다. 가난한 자에게 복음을, 눌린 자와 포로된 자에게 자유를, 눈먼 자에게 볼 수 있는 능력을 주시기 위해서 오셨다는 것입니다. 지금 그분을 따르던 소위 아주 신앙이 좋았던 사람들은 예수님의 사역에 관심이 없었습니다. 그들은 하나님 말씀을 따르던 자기와 같은 공동체에만 관심이 있었습니다. 오늘날로 이야기한다면, 우리가 모여 예배하는 교회에만 관심이 있는 것입니다. 교회가 더 부흥하고 더 잘 나가고 세상의 칭송을 받는 데에만 관심이 있고, 예수님이 이 공동체를 통해 이루고자 하시는 사역에는 관심이 없는 것입니다.

오늘 우리가 반드시 구분해야 할 것이 있습니다. 바로 교회 중심적인 교회와 하나님 중심적인 교회입니다. 교회가 교회 중심적이 되어서 무언가를 하고 있다면 그 모든 일은 하나님의 일이 아닙니다. 저는 만나교회 담임목사지요. 세상적 시각으로 본다면 교회를 운영하는 사람입니다. 그런 입장에서 교인들을 어떻게 가르치는 것이 더 유리할까요? "여러분, 교회 일 열심히 하세요, 저에게 순종하세요, 그게 신앙생활 잘하는 겁니다"라고 가르치는 것이 무엇을 하든 낫지 않을까요? 그런데 그게 교회의 본질과 진리가 아니라는 것입니다. 교회가 교회 중심적이 되면 심지어 교단에 선 목사의 설교조차 하나님의 말씀인지 개인의 의견인지를 분별할 수 없습니다. 지금 내가 애써서 하는 일이 하나님의 일인지 개인이 추구하는 가치로 범벅이 된 일인지를 분별할 수 없습니다.

그러나 우리 교회가 하나님 중심적이라면 하는 모든 일이 하나님의 일이 될 수 있습니다. 이 두 가지를 우리는 반드시 구분할 줄 아는 지혜가 필요합니다. 목사가 단에 서서 하는 권면의 말들이 하나님이 기뻐하시는 일인지 우리는 구분할 수 있어야 합니다. 저는 우리 신앙이 그 수준에까지 성장해야 한다고 생각합니다. 저를 포함한 모든 목회자에게 가장 큰 위기는 언제일까요? 하나님 중심적으로 설교하지 못한다면 그것이야말로 목회 인생 최대 위기입니다. 우리에게는 아주 명확한 기준이 있습니다. 우리가 무엇인가를 할 때 하나님이 기뻐하신다면 그것은 하나님의 일입니다. 그러나 우리가 교회에서 아무리 열심히 일해도 하나님이 기뻐하시지 않는 일이라면 그것은 하나님의 일이 아닙니다.

1960년대 미국 캘리포니아 지역에 한때 부흥의 바람이 일어났던 적이 있습니다. 당시 미국은 정치 경제적인 혼란기를 겪고 있었고, 교회도 타격을 입어 교인들이 교회를 떠나던 시기였습니다. 그런 상황에서 갈보리채플의 척 스미스(Chuck Smith) 목사는 히피족을 대상으로 목회를 했습니다. 그러자 중독과 방황으로 갈 길을 잃었던 히피들이, 소위 교회 공동체에는 어울리지 않는다고 여겼던 사람들이 교회에 모이기 시작했습니다. 교회는 부흥했고, 더 이상 교인을 수용할 수 없는 단계가 되어서 새로운 건물을 건축하기에 이릅니다.

그런데 이 교회에 문제가 생깁니다. 새 건물을 깨끗하게 짓고 카펫을 깔았는데, 씻지 않은 머리를 길게 내려 냄새가 나고 신발도 신지 않은 채 다니는 히피들이 그 카펫을 밟고 들어오니 교회가 더러워졌습니다. 교회 중직들이 그 부분을 문제 삼고 논의했습니다. 교회가 더러워져서 안 되겠다, 저 지저분한 사람들은 들어오지 못하게 하자는 것이었지요. 그런데 척 스미스 목사가 이런 이야기를 합니다.

"만일 이 교회의 카펫이 더러워질까 봐 저들을 들어오지 못하게 할 것이라면, 차라리 카펫을 다 거두어 버리십시오."

만나교회에도 비슷한 일이 있었습니다. 교회학교 아이들을 위한 공간을 예쁘게 꾸며 두었더니, 관리를 잘해야 한다는 이야기가 나왔습니다. 아이들을 위해 마련한 장비이지만 잘못 만져 망가질 수도 있고, 행여 어떤 물건들은 없어질 수도 있다는 것이었지요. 그래서 그 공간의 문을 잠그고 아이들이 오고가는 것을 감시했습니다. 그래서 제가 이렇게 이야기했습니다.

"물건들을 쓰다가 망가지면 고치세요. 혹시 누가 훔쳐 가면 다시 사세요. 그것이 없어질까 봐, 망가질까 봐 손도 대지 못하게 한다면 교회의 기능을 잃어버리는 것이 아니겠습니까?"

교회가 클수록, 아름다워질수록, 가진 것이 많아질수록 우리가 고민해야 할 것이 있습니다. 우리 공동체가 이 교회를 위해서 뭔가를 하고 있지는 않은가. 우리가 가진 것을 빼앗기지 않으려고, 우리에게 있는 무엇인가가 사라질까 봐 전전긍긍하고 있지는 않은가. 과연 우리가 하나님 중심적인 교회를 세워 가고 있는가.

레너드 스윗(Leonard Sweet)은 교회의 변화 과정을 'M'으로 시작하는 네 개의 단어로 설명했습니다.

Mission Church(선교적 교회) → Ministry Church(목양적 교회) → Maintenance Church(유지하는 교회) → Museum Church(박물관 교회)

처음 교회가 생길 때는 선교적(Mission) 교회입니다. 이 시기 교회는 사람들이 모여들고 건물을 세우기 시작합니다. 그러고 나면 그 교회에서 무엇을 할까요? 교인들을 목양(Ministry)하기 시작합니다. 그렇게 교인들이 모여 신앙생활을 하다 보면 교회 시설이 망가지기도 하고 필요한 무언가를 보충하기도 하겠지요. 그러면 교회를 유지(Maintenance)하기 위해 수리를 합니다. 그러다 보면 교회가 어떻게 될까요? 박물관(Museum)이 됩니다. 마치 유럽의 교회들처럼, 사람들이 건물을 바라보면서 "아, 옛날에는 여기에 사람이 꽉 차게 모여서 예배를 드렸대" 하는 것입니다. 이러한 변화는 점차 능력을 상실하고 소멸되어 가는 교회의 모습입니다. 우리가 하나님 중심적인 교회가 되지 못하고, 선교적 교회로 나아가지 못하고, 사명을 감당하지 못한다면 우리도 이와 같은 일을 겪게 될 것입니다.

교회, 세상으로 뛰어들라

지난 20년 동안 만나교회는 여러 차례 리모델링을 했습니다. 그때마다 제 안에 가장 큰 갈등은 '이런 일에 헌금을 써도 될까?'였습니다. 이미 만나교회에는 많은 시설이 있고, 풍족함 가운데서 예배를 드리고 있다고 생각했기 때문입니다. 답을 찾기 위해 기도했습니다. 그러면서 들었던 마음이 '하나님이 이 교회를 세우셨다면, 존재 이유가 분명한 교회가 되었으면 좋겠다'는 것이었습니다. 그래서 장로님들과 함께 교회 건물에 대한 두 가지 분명한 목적을 세웠습니다. 첫째는 다음세대를 위해 준비하는 교회가 되자는 것이고, 둘째는 예수 믿지 않는 사람들도 함께 사용할 수 있는 공간으로 만들자는 것이었습니다. 지금 우리 교회 1층 로비에는 갤러리와 카페, 아이들을 위한 공간 등이 있습니다. 과거에는 1층의 반 이상이 식당과 어른들을 위한 공간이었지요. 그러나 교회 건물에 대한 목적을 분명히 하니 변화가 필요했습니다.

지금이야 교회 건물에 카페를 두는 사례가 빈번하지만, 20년 전만 해도 흔치 않은 일이었습니다. 게다가 교인들을 위한 공간이 아니라 예수 안 믿는 사람들을 위한 카페는 더더욱 드문 일이었습니다. 우리는 사람들이 교회 문으로 들어오지 않아도 카페를 오갈 수 있도록 벽을 허물어 따로 문을 냈습니다. 그리고 교회 카페지만 찬송가를 틀지 않았고, 십자가를 걸지 않았습니다.

예수 안 믿는 사람들 입장에서 카페에 들어왔는데 찬송가가 들리고 십자가가 보이면 얼마나 낯설겠습니까? 다만 화장실로 가는 길을 교회 안으로 들어갈 수 있게 동선을 만들었습니다. 길목에 교회 홍보 책자를 비롯해서 복음을 전할 수 있는 브로슈어 같은 것들도 마련해 두었습니다. 별것 아니어 보일지 몰라도, 우리 나름대로는 아주 전략적으로 다가간 것이었습니다. 그 안에는 이 교회가 예수 믿지 않는 사람들이 발 들여놓을 수 있는 곳이 되면 좋겠다는 간절함이 있었습니다. 시간이 지나 지금 만나교회 카페는 라이딩하는 사람들이 종종 쉬어 가는 명소가 됐습니다. 그뿐만 아니라 벚꽃이 피는 계절이 되면 앉을 자리가 없을 정도로 사람이 붐빕니다. 하나님을 믿지 않는 사람들이 교회 뜰에 발을 들여놓을 수 있다는 게 얼마나 큰 축복입니까? 너무나 감사한 일입니다.

또 한 가지, 우리 교회의 자랑이 있습니다. 1층에 마련된 아이들을 위한 공간입니다. 과거 만나교회 교육관은 4~8층에 포진하고 있었습니다. 그때는 아이들이 엘리베이터를 타고 오르락내리락할 때마다 얼마나 시끄러웠는지, 어른들마다 "얘들아, 주일에 이렇게 시끄럽게 떠들면 되니? 좀 조용히 해라!" 하는 말을 하루에도 수십 번 했습니다. 그래서 제가 어른들한테 그랬습니다.

"참 못됐습니다. 교회 건물에 좋은 공간은 어른들이 다 차지하고, 아이들은 다 올려 보내 놓고 이제는 시끄럽다, 조용히 해라 혼을 내면 우리 아이들은 대체 어디에서 이야기를 나누고 마음 놓고 웃나요? 너무 어른 중심적인 교회 아닙니까?"

그래서 우리가 내린 결단이, 1층의 제일 좋은 공간을 아이들에게 주자는 것이었습니다. 그리고 더는 아이들에게 '조용히 해라' '시끄럽다' 하지 말고, '얘들아 교회 나와서 놀자' '교회 와서 떠들어라!'라고 말하자고, 그런 공간을 만들어 주자고 약속했습니다.

보통 교회에서 의사 결정을 하는 분들은 장로님들과 목회자입니다. 그러다 보니 그들 생각대로만 결정을 하면 그 교회는 굉장히 전통적인 교회가 될 수밖에 없습니다. 그러나 우리가 하나님 중심적으로 생각하고 의사 결정하면 전혀 다른 결과를 마주할 수 있습니다. 만나교회는 시무장로님이 70여 분 되는데, 따로 방이 없습니다. 회의실도 없습니다. 목회자가 60여 명 되는데, 따로 방을 가진 목회자가 없습니다. 다 한 공간에서 책상하나씩 놓고 생활합니다. 저만 조그만 방을 씁니다. 마음 같아서는 저도 다른 목사님들과 함께 책상을 나란히 놓고 생활하고 싶지만, 현실적인 문제들이 있기에 최소한의 공간을 쓰고 있습니다. 우리가 이렇게 하는 이유는 어른 중심적인 교회, 전통적인 교회의 모습에서 벗어나고자 함입니다. 교회를 위한 교회가아니라 하나님 중심적인 사역을 하기 위해서입니다.

지금까지 교회는 늘 세상에서 우월적 지위를 가지려고 했습니다. 교회는 죄악이 만연한 세상과는 분리되어야 하는 이분법적인 구조로 생각하고, 하나님이 교회를 통해 거룩한 일을 하신다고 생각했습니다. 그러다 보니 때때로 교회가 교만했습니다. 세상을 향해 '우리는 거룩한 공동체인데 타락한 너희를 위해 이런 일도 해'라는 태도를 취하곤 했습니다.

그러나 교회는 하나님 관점에서 세상을 바라봐야 합니다. 하나님이 독생자를 세상으로 보내신 것처럼 세상으로 뛰어들어야 합니다. 세상 안에서 교회가 무엇을 할 수 있을지 고민해야 합니다. 세상은 우리가 뛰어들어야 할 구체적인 선교 현장입니다. 교회를 다니지 않고, 하나님을 믿지 않는 세상 모든 백성이 선교의 대상입니다.

말레이시아에서 목회하는 린(Lynn)이라는 목사님이 있습니다. 그분은 쿠알라룸푸르에서 2천여 명 이상 모이는 교회 담임 목사이면서, 의사이기도 합니다. 이 교회에는 사역자가 일곱 명 있는데, 그분들도 다 자기 직업이 있습니다. 간호사, 학원 강사, 변호사 등의 자리에서 일을 하면서 교회를 섬깁니다. 그러다 보니 사람들이 묻는답니다.

"목사님은 언제 풀타임으로 목회를 하실 겁니까?"

그때마다 린 목사님은 이렇게 답한다고 합니다.

"9 to 5, 아침 9시부터 오후 5시까지 병원에서 일하는 시간 동안 나는 하나님 앞에 부름받은 사역자입니다. 이슬람 교인과 비그리스도인이 환자의 대부분인 이곳 병원에서 의사로서 일하는 동안 나는 사역을 하고 있습니다."

풀타임 사역자만이 목회자가 아닙니다. 우리는 누구나 세상 안에서 사역자로 살아가고 있습니다. 하나님이 택하신 자만이 하나님의 일을 하는 것이 아닙니다. 우리가 모두 사명자가 되어 세상에 뛰어들어야 합니다.

예전에는 새신자가 교회에 오면 기존 교인들이 이런 말을 했다고 합니다.

"드디어 예수 믿기 시작했군요. 잘 오셨어요. 이제는 믿지 않는 사람들과 보냈던 날들을 청산하고 믿음 있는 우리와 좋은 시간 보내요."

예수 오래 믿어 온 사람들을 보세요. 주변에 교회 사람밖에 없습니다. 예수 믿지 않는 사람들과는 관계가 다 끊어져서 마치 외로운 섬처럼 게토화 되어 있습니다. 저는 이것이 한국 교회의 가장 큰 위기라고 생각합니다. 예수를 잘 믿는 평신도들이 세상에서 사명자로 살지 못하기 때문입니다. 세상에 뛰어 들어가서, 세상의 한 가운데서 믿음의 사람으로 살아 내야 하는데, 교회가 그러지 못하고 있습니다. 힘을 잃었습니다. 우리가 이 힘을 회복해야 합니다. 하나님 중심적인 교회로 나아가야 합니다.

김구 선생이 지인의 아들 결혼식에서 주례를 맡았는데, 세상에서 가장 짧은 주례사를 한 것으로 유명합니다.

"너를 보니 네 아버지가 생각난다. 잘 살아라."

이게 다입니다. 이 주례사를 들은 그 아들이 어땠을까요? 처음에야 분주한 결혼식 분위기에 휩쓸려 그런가보다 했더라도,

아마 두고두고 이 말을 기억했을 것입니다.

우리가 세상 가운데 믿음으로, 사명자로 살아갈 때에도 이런 말을 들으면 좋겠습니다.

"너를 보니 하나님이 생각난다."

"너를 보니 그리스도의 향기가 나는구나."

모이는 것, 중요합니다. 모여서 뜨겁게 하나님을 예배하는 것, 정말 중요하고 귀합니다. 그렇지만 우리가 모이는 데에서 끝나는 것이 아니라 흩어져 세상으로 나아가는 것, 그래서 우리를 흩으신 그 자리에서 "너를 보니 하나님이 보인다"라는 말을 듣는 것, 그것만큼 영광스러운 일이 어디 있을까요?

42 그들이 사도의 가르침을 받아 서로 교제하고 떡을 떼며 오로지 기도하기를 힘쓰니라

43 사람마다 두려워하는데 사도들로 말미암아 기사와 표적이 많이 나타나니

44 믿는 사람이 다 함께 있어 모든 물건을 서로 통용하고

45 또 재산과 소유를 팔아 각 사람의 필요를 따라 나눠 주며

46 날마다 마음을 같이하여 성전에 모이기를 힘쓰고 집에서 떡을 떼며 기쁨과 순전한 마음으로 음식을 먹고

47 하나님을 찬미하며 또 온 백성에게 칭송을 받으니 주께서 구원받는 사람을 날마다 더하게 하시니라

3. 가르치지 말고 사랑합시다

　제가 만나교회에서 사역하기 시작했을 무렵, 분당신도시와 함께 수없이 많은 교회가 이 지역에 세워졌습니다. 사람을 모으는 것이 목적이었던 많은 교회가 성장만을 위해 수단과 방법을 가리지 않았습니다. 마치 호객행위를 하는 장사꾼처럼, 복음을 상품권과 함께 팔았습니다. 이웃교회와 경쟁하며 교인을 쟁탈했습니다. 흥미로운 일입니다. 하나님을 예배하는 교회가 단지 사람을 모으기 위해 '하나님의 법'을 무시하다니 말입니다. 쉽게 말하면, 하나님을 예배하는 사람들이 하나님을 기쁘시게 하는 일을 하지 않았다는 것입니다. 이런 교회에서는 일단 교회가 성장만 할 수 있다면 모든 수단을 정당화하며, '부흥'을 하나님의 역사가 일어나는 표징이라고 스스로 위안삼습니다.

　그렇다면 우리가 회복해야 할 교회의 모습은 무엇일까요? 제가 늘 "이제는 모이는 교회가 아니라 흩어지는 교회가 되어야 한다"고 말했더니 한번은 한 장로님이 제게 이렇게 묻더군요.

　"목사님은 계속해서 교인들에게 흩어지라고 이야기하는데, 그래도 만나교회에는 계속해서 교인들이 많이 모입니다. 이거 뭔가 잘못된 것 아닙니까?"

　물론 교회가 모이는 것이 목적이 되어서는 안 되지요. 그런데 이 말을 오해하지 않았으면 좋겠습니다. 흩어지는 교회가 되어야 한다는 말은 사람이 많이 모이는 교회, 성장하는 교회가 되어선 안 된다는 말이 아닙니다. 단순히 많이 모이는 현상이 잘못이라는 말이 아닙니다. 다만 교회의 목적이 모이는 일이 되어서는 안 된다는 말입니다. 하나님은 우리 한 사람 한 사람을 교회로 부르셨습니다. 따라서 우리는 세상에 나가 교회가 되어서 신앙의 본질, 교회의 본질을 나타내야 합니다. 그렇다면 교회는 모인 사람들을 훈련시켜 주님의 이름으로 흩어지게 만드는 것이 사명이 되어야 하는 것 아닐까요? 그것이 성경적인 교회, 교회의 본질이 아닐까요?

그들의 필요가 무엇인지 볼 줄 아는 교회

스캇 솔즈(Scott Sauls)의 《선에 갇힌 인간, 선 밖의 예수》라는 책에 보면 미국 그리스도인 사이에서 나타나는 SBNR 현상에 대해 이야기합니다. SBNR이란 'Spiritual But Not Religious'의 약자로, '영적이기는 한데 종교적으로 살기를 원하지 않는' 그리스도인들을 설명하는 표현입니다. 그런데 요즘 코로나 팬데믹으로 한국 교회에서도 동일한 현상이 나타나는 것 같습니다. 통계에 보니 한국 교회 교인들 중에 교회에 출석하지 않는 사람이 약 30퍼센트 가까이 된다고 합니다. 그들은 예수를 믿지 않는 사람들이 아니에요. 다만 교회를 나가지 않을 뿐입니다. 영적인 삶을 추구하지만 교회 나가서 교인이 되는 종교적인 사람이 되는 것을 원치 않겠다는 말입니다. 왜 그런 일들이 일어났을까요? 스캇 솔즈는 여기에 대해 이렇게 말합니다.

"교회에 대한 그들의 진단은 놀랄 정도로 일관적이고, 그들이 교회를 떠난 합당한 이유가 있었다. 그들은 '교회에 가기'보다 는 교회가 '되기를' 원한다."

예수 믿지 않는 사람들에게 복음을 전하는 일, 참 중요합니다. 그런데 교회에 실망한 사람들, 교회의 잘못으로 어려움을 당하고 있는 사람들에게 진짜 복음이 무엇인지 가르치는 일도 복음을 전하는 일만큼 중요하다는 생각이 듭니다. 그들에게 '진짜 교회는 그런 곳이 아닙니다, 성경적 교회는 이런 교회입니다' 라고 분명히 말할 수 있어야 하지 않을까요?

성경적 교회의 중요한 원리가 하나 있습니다. 우리가 꿈꾸는 초대교회의 모습을 보니까 그들은 필요를 따라 나누어 주었다고 합니다.

44 믿는 사람이 다 함께 있어 모든 물건을 서로 통용하고 45 또 재산과 소유를 팔아 각 사람의 필요를 따라 나눠 주며(행 2:44-45).

초대교회는 교회 중심으로 생각하지 않았습니다. 서로의 필요를 볼 줄 알았습니다. 이것이 하나님의 사람들이 가지고 있는 특징입니다. 하나님을 믿는 사람들의 가장 큰 '독특성'은 다른 사람들을 위해 헌신하며 배려하는 사람이 된다는 것입니다.

이렇게 말하는 사람도 있을 수 있습니다.

"사람의 필요를 채우는 교회라니, 굉장히 인간 중심적인, 인본주의적인 교회가 아닙니까?"

정말 그렇습니까? 만약 이 말이 맞다고 한다면 우리는 예수님의 사역을 설명할 길이 없습니다. 하나님 나라의 복음을 선포하시던 예수님의 사역이 바리새인과 가장 달랐던 부분이 여기에 있습니다. 성경을 보면 예수님이 바리새인, 사두개인, 제사장들을 무섭게 질책하시지요. "이 위선자들아! 회칠한 무덤과 같은 자들아! 독사의 자식들아!"라고 표현하십니다. 그런데 그들은 신앙적으로 아주 훌륭한 사람들이었습니다. 나름의 종교적 기준이 있고, 그것을 잘 지키는 사람들이었습니다. 그런데 문제가 뭐였을까요? 그들의 관심은 오로지 자기가 신앙생활 잘하는 것에 있었습니다. 그들 눈에는 다른 사람의 필요 같은 것은 들어오지 않았습니다. 그들에게는 안식일을 지키는 일이 굉장히 중요했는데, 안식일을 지키지 못하는 사람들에 대한 마음이 없었습니다. 그래서 예수님이 그들에게 말씀하는 것입니다.

"너희에게는 하나님의 마음이 없구나. 너희는 굉장히 종교적이구나!"

성경적 교회가 된다고 하는 것은 우리의 기준이 아니라 하나님을 아직 잘 믿지 못하는 사람들의 마음과 그들의 삶이 우리 마음에 들어와야 하는 것입니다. 만나교회가 토요예배를 드리고, 미디어로 예배를 드리는 것이 이런 이유입니다. 주일을 제대로 지킬 수 없는 사람들에게 "그러면 안 됩니다. 주일성수는 꼭 해야지요" 할 수도 있겠지요. 그러나 저는 그들에게 복음을 가지고 가서 예배를 드릴 수 있도록 돕고 싶었습니다. 그들의 필요를 따라 어떻게 복음을 전할 수 있을까 고민했습니다. 예배당까지 나올 수 없는 환경에서 미디어를 통해서라도 예배를 드릴 수 있다면, 그게 그들의 신앙생활의 최선이라면 그 일을 돕는 것이 '성경적 교회'의 역할이라고 생각했습니다.

교회학교 교사들에게는 조금 미안한 이야기이지만, 저는 교회학교 교육에서 제일 위험한 것이 교사들의 열정이 아닐까 생각합니다. 소위 "우리가 옛날에 교회학교 다닐 때는 이랬어" 하는 것이지요. 그때의 열정을 가지고 지금의 아이들에게 "너희도 좀 그때의 나처럼 해 봐" 하는 것입니다. 물론 잘못된 것은 아닙니다. 그만큼 열정이 있다는 것은 감사한 일이기도 합니다. 그러나 지금의 아이들은 그때의 우리와 너무나 다릅니다. 우리가 가져야 할 것은 열정이 아니라 사랑이 아닐까요?

예수님은 이 땅에 오셔서 "너희 바리새인 같은 열심을 가지고 신앙생활 하거라" 하지 않으셨습니다. 다만 오늘 하루를 고되게 살아가는 사람들을 사랑하셨습니다. 예배 드리지 않고 말씀대로 살지 못하는 사람들을 질책하지 않으셨습니다. 다만 그들을 향한 하나님의 마음을 이야기하셨습니다. 우리에게 이런 사랑의 마음이 있습니까?

지금 중년을 사는 분들 중에 중고등학교 시절 교회를 다녀 본 사람들은 '문학의 밤'이란 말을 들어 봤을 것입니다. 기억하십니까? 학생들이 친구를 초청해 놓고 연극도 하고 찬양도 부르던 큰 행사였습니다. 믿든 믿지 않든 그 무렵 학생들은 교복을 입고 교회에 삼삼오오 모였습니다. 요즘은 대부분 학교가 남녀공학이지만, 그때는 그렇지 않았기 때문에 문학의 밤이 이성을 만나는 좋은 자리도 되어 주었습니다. 그뿐만이 아니라, 옛날에는 교회에 가면 탁구대가 있어서 학생들이 모여 여가를 즐길 수 있었고, 간혹 피아노나 기타를 쳐 보려고 교회에 오는 친구도 있었습니다. 그게 교회의 본질은 아닙니다. 초대교회가 사람들의 필요를 따라 나누었다는 것도 복음의 본질은 아니지요. 그러나 그런 것들이 복음을 전하는 계기가 되었습니다. 믿음이 없던 우리 이웃이 필요를 찾아 교회 문턱을 넘었고, 복음을 듣는 기회를 얻었습니다.

문제는 지금의 아이들은 20~30년 전과는 너무 달라서, 그때 우리와는 필요가 다르다는 것입니다. 얼마 전까지만 해도 대부분 교회학교에서 교사들이 아이들에게 "얘들아, 예배 시간에는 스마트폰 좀 *끄자*"는 이야기를 많이 했어요. 그러면 아이들이 스마트폰을 끌까요? 아니지요. 보이지 않는 곳에서 합니다. 눈은 목사님을 보는 척하면서 손으로는 계속 키패드를 칩니다. 그들의 필요가 지금 스마트폰 안에 있으니 그렇습니다.

저는 이 시대 교회가 소위 젊은 아이들이 말하는 '꼰대'의 소굴이 되지 않으면 좋겠습니다. 고리타분한 어른들의 모임이 되지 않으면 좋겠습니다. 그냥 하던 대로, 어른한테 익숙한 대로만 예배 드린다면 그게 더 편하겠지요. 그런데 한국 교회가 그러지 않기를 바랍니다. 젊은이들에게 "너희가 와도 좋은 곳이야. 예배 드리는 건 그리 고리타분한 일이 아니야"라는 메시지를 주는 교회가 되기를 바랍니다.

한번은 만나교회 중고등부에서 영성수련회를 계획하는데, 참석률이 너무 낮기에 아이들에게 물어봤습니다. 학원 때문에 수련회를 못 간다더군요. 그래서 제가 제안했던 것이, 수련회 일정을 아이들 학원 일정과 겹치지 않도록 금요일부터 일요일까지로 잡자는 것이었습니다. 보통 이렇게 이야기하면 나오는 이야기가 있습니다.

"주일에는 본 교회에서 예배 드려야지요. 수련회를 가더라도 주일엔 교회에 와야지요."

그래서 제가 그랬습니다.

"아이들에게 영성 훈련이 필요하다면 주일예배는 어디에서 드리든 괜찮습니다. 다른 곳에서, 수련회 장소에서 주일예배를 드려도 하나님은 그 예배를 받으실 것입니다."

한번은 청소년부 목사님이 그러더군요. 아이들이 교회 건물 자체를 싫어한다는 것입니다. 그래서 교회에 나오지 않는다는 것입니다. 그래서 제가 그랬습니다.

"그러면 주일에 아이들이 좋아하는 장소에서 예배를 드려 보세요. 영화관을 대관해서 영화를 보고 예배를 드려 보세요. 아이들이 뭘 좋아하는지 살펴서 그 아이들이 복음을 좀 들을 수 있도록 해 보세요. 우리에게 그 아이들의 필요를 보는 눈이 있어야 하지 않을까요?"

초대교회가 우리에게 가르쳐 주는 성경적인 교회가 이런 것 아닐까요? 그들의 필요를 따라 복음을 전할 때 하나님은 그 초대교회에 부흥의 역사를 일으키셨습니다. 부흥은 우리의 목적이 아니라 결과물입니다. 백성의 칭송을 받는 교회에서 일어난 일입니다.

배려하고 배려받는 건강한 교회

그들의 필요를 따라 복음을 전하는 데에 빠질 수 없는 단어가 있습니다. 바로 '헌신'과 '배려'입니다. 이것은 성경적 교회의 가장 큰 특징이기도 합니다.

만나교회에서는 한동안 주차 문제로 교인들 간에 어려움이 있었습니다. 기껏 받은 은혜를 교회 주차장에 다 쏟아 버리고 간다는 말까지 나왔습니다. 정말 고민이 많았습니다. 고민 끝에 이런 광고를 했습니다.

"여러분 중에 다른 사람보다 내가 믿음이 조금 더 낫다고 생각한다면, 내 믿음의 수준보다 낮은 사람을 위해 주차 공간을 배려하면 좋겠습니다."

목회자와 장로님들부터 실천에 옮겼습니다. 만나교회는 목회자와 장로님을 위한 주차 공간을 없앴습니다. 굳이 차를 가져와야 하는 상황이라면 교회 밖 멀리 떨어진 주차장에 주차하고 교회까지 걸어옵니다. 우리의 헌신이 있어야만 믿음이 필요한 누군가가 예배를 드릴 수 있기 때문입니다.

한편으로는 섬기는 것만큼 섬김을 건강하게 받을 수 있는 것도 성숙한 신앙이라는 생각을 합니다. 제가 올해 정말 오랜만에 성지순례를 다녀왔습니다. 예전에는 교인들과 어디를 가면 그래도 제가 젊은 축에 속해 버스에 짐을 싣거나 내리는 일을 하고 연세 많으신 교인들을 챙겨드렸는데 올해 그런 일을 하나도 하지 못했습니다. 최근 무릎 관절이며 팔꿈치 관절이 아파서 치료를 받고 있었기 때문입니다. 그래서 늘 뒤에 서서 누가 짐을 내려 주면 그걸 챙겨 이동하곤 했습니다. 그러다 보니 그런 생각이 들더군요.

'우리 삶에는 누군가를 섬기고 헌신하는 때도 있지만, 내가 섬김을 받아야 하는 때도 오는구나. 그 사실을 알아 가는 것이 성숙의 과정인 것 같다.'

헌신이 필요한 사람을 위해서 기꺼이 섬기고 배려하다가, 내가 받아야 할 때는 기꺼이 기쁨으로 받을 수 있는 공동체가 된다는 것. 내 신앙을 지키는 것에만 초점이 있는 것이 아니라 서로 섬기고 섬김을 받는 교회가 된다는 것. 우리가 꿈꾸는 교회가 그런 모습이어야 하지 않을까요? 그러려면 먼저 교회가 누군가의 필요를 알아야 할 것입니다. 무엇을 해야 하는지를 아는 교회가 되어야 할 것입니다. 우리에게 중요한 것은, 내 신앙을 지키는 것이 아니라 신앙을 가지지 못한 사람들에게 신앙을 지킬 수 있는 환경을 만들어 주는 교회가 되는 것입니다. 이것이 선교 중심적인 교회입니다.

만나교회의 한 권사님이 나눠 주신 글입니다.

"'선교하는 교회'와 '선교적인 교회'를 구분해 생각해 보았다. 한국 교회는 지금까지 세계에 가장 많은 선교사를 내보냈고, 교회마다 선교 사역을 중요하게 꼽는다. 그러나 한국 교회는 '선교하는 교회'로서는 성공했지만 실은 '선교적인 교회'가 되는 데는 실패한 것 아닐까. 프로그램 운영과 선교사 파송 등을 잘하는 것은 '선교하는 교회'이다. '선교적인 교회'는 우리가 반 강제적으로 흩어진 자리에서 어떻게 살아가는지의 문제다. … 정작 교회로서 살아가야 하는 내가 흩어진 곳에서 어떻게 선교적으로 살아갈지에 관한 마인드 자체가 안 잡혀 있는 것 아닌가."

지난 몇 십 년 동안 한국 교회는 세계사적으로도 선교하는 교회로 유명해졌습니다. 한국 교회는 빠른 시간 안에 큰 성장을 이루었을 뿐만 아니라 전 세계에 제일 많은 선교사를 파송하고 많은 선교비를 지원하는 교회가 되었습니다. 그런데 과연 그렇게 수십 년을 활동한 한국 교회가 선교적인가 묻는다면, 그것은 다른 일이라고 생각합니다. 어쩌면 하나님은 선교하는 교회를 바라시는 것이 아닐지 모릅니다. 하나님은 우리가 어떻게 성경적으로 살아가는지, 얼마나 선교적인 삶을 살아가는지에 관심이 있는 것 아닐까요?

무거운 짐 진 자들이 모인 교회

A.D. 380년 기독교가 로마 제국의 국교가 되면서 예배당에서 황제와 귀족들이 예배를 드리기 시작했습니다. 그런데 그때부터 문제가 생깁니다. 교회의 주인이 하나님이 아니라 황제와 귀족들이 된 것입니다. 교회의 예배는 그들을 섬기기 시작했습니다. 참 놀랍지 않습니까? 교회가 핍박을 받던 때, 교회에 다니는 것만으로도 목숨을 잃을 수 있는 위기 상황에서 사람들은 교회를 칭송하고 경외했습니다. 나는 못가지만 저 가운데 목숨을 내놓고 가는 그리스도인들을 칭찬했습니다. 그런데 반드시 나가야만 하는 자리가 되고 나자 교회는 교회가 아니게 되었습니다. 교회가 본질을 잃기 시작했습니다. 우리 교회는 지금 어떤 모습입니까? 초대교회입니까, 로마 제국 시대의 교회입니까?

우리가 신앙생활하는 데 있어서 굉장히 중요한 성경적 원리가 있습니다.

수고하고 무거운 짐 진 자들아 다 내게로 오라 내가 너희를 쉬게 하리라(마 11:28).

예수님은 수고하고 무거운 짐 진 자들에게 그 짐을 다 내려놓고 내게 오라고 하지 않으셨습니다. 그 모든 짐을 다 가지고 내게로 오라고 말씀하십니다. 이게 무엇을 의미할까요? 교회는 완전한 사람들이 모이는 곳이 아니라는 말입니다. 교회는 무거운 짐 진 자들이 모이는 곳입니다.

만나교회를 처음 시작할 때만 해도 교회마다 술과 담배 같은 것들에 매우 엄격했습니다. 교회에 다니려면 술과 담배를 끊어야 하는 것처럼 이야기했고, 교인들 사이에서도 그런 사고방식이 팽배했습니다. 그런데 저는 마태복음 11장 28절 말씀을 근거해서 그렇게 생각하지 않습니다. 교회는 술과 담배를 끊어야 올 수 있는 곳이 아니라, 술과 담배를 끊지 못하는 사람들이 말씀을 듣기 위해 오는 곳이어야 합니다.

요즘은 더 나아가 마약에 대한 문제가 굉장히 심각합니다. 저는 마약에 중독된 젊은이들에게 이렇게 말해 주고 싶습니다. 교회에 오십시오. 마약은 우리 힘으로는 끊을 수 없습니다. 말씀을 들어야 변화할 수 있습니다. 하나님의 말씀은 능력이 있어서, 좌우의 어떤 날 선 검보다도 예리해서 우리 심령과 골수를 쪼개는 능력이 있다고 성경이 말씀합니다. 그 말씀을 믿음으로 무거운 모든 짐을 지고 교회로 나오십시오. 우리 힘으로 내려놓을 수 없는 짐이 있다면 가정의 문제, 직장의 모든 문제를 가지고 교회로 나오십시오.

우리는 거꾸로입니다. 별일 없을 때는 교회에 잘 나오다가도 이혼하고 자녀에게 문제가 생기면 교회를 떠납니다. 창피해서, 수치스러워서 떠납니다. 그러나 저는 이렇게 말씀드리고 싶습니다. 많이 힘드시죠? 원치 않았던 일들이 일어나고 있지요? 그러니 주님 앞에 나오십시오. 무거운 짐을 지고, 그 수치스러운 모습 그대로, 불쌍한 모습 그대로 나와서 십자가 앞에 짐을 내려놓으십시오.

코로나 팬데믹 기간 동안 만나교회에서는 "믿어 줄게 밀어 줄게"라는 제목으로 콘서트를 하고, 1억 원 정도의 기금이 모였습니다. 이 기금을 어려움에 처한 청년들에게 나누어 주자 생각해서 대상을 선발해 전달식을 했습니다. 대부분이 교회를 안 다니는 청년들이었습니다. 따로 조건 같은 것은 달지 않았습니다. 교회에 나와야 한다는 말도 안 했습니다. 그저 천만 원도 주고 오백만 원도 주면서 이렇게 이야기해 주었습니다.

"얘들아, 너희가 많이 힘들고 어려울 때 너희를 지지하는 어른들이 있다는 것을 기억하렴."

그때 청년들이 눈물을 흘리기 시작했습니다. 다른 어떤 것보다 이것이 복음이 아닐까 생각했습니다. 우리가 인생의 짐이 너무 무거워 버거울 때 내려놓을 수 있는 곳이 있다고 알려 주는 것. 그 아이들이 언젠가 하나님 앞에 마음의 문을 활짝 열기를 바랍니다. 복음이 전해지기까지 한 걸음 다가간 것이라고 믿습니다.

오늘날 청년들이, 청소년들이 교회를 떠나고 있다고 이야기합니다. 왜 여기까지 왔을까요? 교회가 언제부터인가 성경적인 모습을 잃었기 때문 아닐까요? 교회 중심적이 되어 버려서가 아닐까요? 그들에게 필요한 것은 믿는 어른들의 분명한 메시지, 힘들고 어려울 때 도와줄 하나님이 계시다는 메시지입니다. 교회에 가면 주님의 말씀이 있고, 위로가 있고, 지지해 주고 붙잡아 줄 어른들이 있다는 메시지입니다. 이런 메시지를 전하려면 먼저 우리가, 교회가 성경적으로 돌아가야 합니다. 교회 중심이 아니라 하나님 말씀 안에서 생각하고 행할 수 있는 교회가 되어야 합니다. 하나님의 마음이 어디에 있는지를 생각할 수 있어야 합니다.

광야의 길을 거치지 않고 어떻게 가나안 땅에 가겠습니까? 무거운 짐을 지고 주님 앞에 나와 그 짐을 내려놓을 때 우리가 주님을 인격적으로 만날 수 있지 않겠습니까? 성경에서 말하는 교회는 무거운 짐을 진 사람들, 문제투성이인 사람들이 하나님을 만나는 곳입니다. 그것이 성경적인 교회입니다.

우리가 "Do your best"라는 말을 합니다. 세상적으로는 "너,

최선을 다해라"입니다. 그러나 우리는 'best'를 '최선'으로 해석하지 않았으면 좋겠습니다. 그저 '좋은'의 뜻으로 해석하면 좋겠습니다. 그래서 "최선을 다해라" 하기 전에 "가장 좋은 일을 해라" 하고 말할 수 있으면 좋겠습니다. 우리가 하나님을 믿는다면 하나님 보시기에 가장 좋은 일, 가장 아름다운 일을 하면 좋겠습니다. 그 기준이 하나님이 정말 기뻐하시는 일이 되기를 바랍니다. 그렇다면 우리가 하는 모든 일은 절대 잘못되지 않을 것입니다.

만나교회 묵상팀 청년이 교회에 대해 묵상하며 쓴 글을 함께 나누고자 합니다.

"그냥 교회는 자기중심적입니다. 그냥 교회는 자신이 그래도 어느 정도는 괜찮다고 생각합니다. 그냥 교회는 이미지 좋은 사역을 선호합니다. 진정한 교회는 그리스도 중심적입니다. 진정한 교회는 자기가 죄인임을 압니다. 진정한 교회는 이해가 안 되는 불편함에도 기꺼이 순종합니다. 즉 진정한 교회는 나는 죽고 예수님과 함께 사는 공동체입니다."

42 그들이 사도의 가르침을 받아 서로 교제하고 떡을 떼며 오로
지 기도하기를 힘쓰니라

43 사람마다 두려워하는데 사도들로 말미암아 기사와 표적이 많
이 나타나니

44 믿는 사람이 다 함께 있어 모든 물건을 서로 통용하고

45 또 재산과 소유를 팔아 각 사람의 필요를 따라 나눠 주며

46 날마다 마음을 같이하여 성전에 모이기를 힘쓰고 집에서 떡을
떼며 기쁨과 순전한 마음으로 음식을 먹고

47 하나님을 찬미하며 또 온 백성에게 칭송을 받으니 주께서 구
원받는 사람을 날마다 더하게 하시니라

4. 칭찬받는 교회를 꿈꿉니다

우리가 흔히 '사명으로 사역하라'는 말을 합니다. 저는 이런 말을 들을 때마다 '그렇다면 사명이 없이도 사역할 수 있겠구나' 하는 생각이 듭니다. 앤디 스탠리(Andy Stanley)는 《노스포인트 교회 이야기》에서 사명에 관해 "사명은 볼펜으로 쓰고 프로그램은 연필로 쓰십시오" 하고 말합니다.

사명을 볼펜으로 쓰라는 말은 지우지 말라는 것입니다. 그러나 이것을 이루기 위한 프로그램은 시대에 따라, 상황에 따라 달라질 수 있습니다. 이 말은 우리 인생에도 적용됩니다. 삶에 절대 바뀔 수 없는, 바뀌어선 안 되는 부분이 있다는 것이지요. 그런데 우리는 프로그램을 볼펜으로 쓰는 실수를 합니다. '이 프로그램은 절대로 못 바꿔' 합니다. 그러다가 사명이 지워집니다. 큰 문제가 생기는 거예요. 사명과 사역에 있어서 지워서는 안 되는 것과 지우고 바꿔 써도 되는 것을 구분할 수 있는 지혜가 필요합니다.

모든 교회에는 같은 사명이 있습니다. 그건 예수님이 우리에게 주신 교회의 본질에 대한 부분입니다. 그런데 이 사명을 이루어 가는 방법은 교회마다 다릅니다. 이것이 바로 프로그램, 즉 사역입니다.

교회가 세상에 소망을 주고 있는가

지난 수년, 코로나 팬데믹을 지나오며 한국 교회는 그야말로 위기를 맞았습니다. 많은 사람이 마치 그 기간이 공백처럼 느껴진다고 합니다. 후대는 역사에 이 시기를 어떻게 기록할까요?

어떤 사람이 상점에 들어가려는데, 입구에 '위험, 개 조심'이라고 쓴 표지판이 있더랍니다. 혹시나 크고 사나운 개가 있을까 싶어 조심스럽게 상점의 문을 열었는데, 한쪽에 덩치는 크지만 순하게 생긴 개 한 마리가 엎드려 자고 있었습니다. 그 사람이 아무리 봐도 전혀 조심해야 할 만한 개로 보이지 않아 주인에게 물었습니다.

"내가 조심해야 할 개가 저 개인가요?"

그랬더니 주인이 대답했습니다.

"맞습니다. 주의하지 않으면 걸려서 넘어질 수 있어요."

이 이야기는 레너드 스윗의 《미래 크리스천》이라는 책에 나오는 이야기입니다. 우리가 조심해야 할 것은 외부의 사나운 공격이 아닙니다. 역사에 걸림돌이 되는 것입니다. 교회가 나아가는 데에 방해물이 되는 것입니다. 지금 나와 내 교회는 어떻습니까? 냉정하게 던져 봐야 할 질문입니다.

교회는 이 땅의 소망입니다. 저는 이 말을 절대적으로 믿습니다. 교회가 올바로 바로 서야 이 나라와 민족이 바로 설 수 있고, 다음세대에 소망이 있습니다. 그런 의미에서 우리가 꿈꿔야 할 교회는 단순히 숫자적으로 부흥하는 교회, 성장하는 교회가 아닙니다. 세상에 소망을 주는 교회가 되어야 합니다.

지난 3년 코로나 기간을 지나가면서 만나교회는 별명을 하나 얻었습니다. '미래를 준비하는 교회'입니다. 만나교회가 이런 별명을 얻게 된 데에는 다 이유가 있습니다. 2003년 제가 만나교회 담임이 되었을 때 저는 '과연 어떤 교회가 되어야 할까?'를 고민했습니다. 그러면서 《우리가 꿈꾸는 교회》라는 책을 썼습니다. '비전 2020'이라는 것도 발표했습니다. 일종의 만나교회가 나아가야 할 로드맵이었습니다. 그렇게 2015년이 되었을 무렵, 10년을 돌아보고 과연 우리가 해온 방향이 맞았는지, 앞으로 우리 교회가 어떤 우선순위를 가지고 나가야 하는지 공부하고 조사했습니다. 그때 교인들이 답해 준 우선순위가 다음세대와 미디어 사역이었습니다. 저희는 미디어 사역을 그때부터 준비했습니다. 2018년부터는 '토요예배'를 선포했습니다. 교회는 건물이 아니기 때문에 우리는 교회 담장을 넘어야 한다고 외쳤습니다. 성도들이 본 교회 예배는 토요일에 드리고 주일에는 미자립교회를 돕기 위해 '흩어지는 교회'를 자처했습니다.

그리고 2020년, 코로나 팬데믹이 닥쳤지만 우리는 당황하지 않았습니다. 해 왔던 대로 미디어 사역을 이어 나갔습니다. 교회 안에 모이기보다는 흩어져 교회와 이웃을 세우는 일을 했습니다. 내가 처한 자리가 곧 선교지라는 사실을 온 교회 성도가 나누고 묵상했기 때문에 모두 각자의 자리에서 신앙을 지켰습니다. 예배당에 전혀 모일 수 없었던 때는 힘들었습니다. 성도는 가정에서 예배를 드리며, 저는 텅 빈 예배당에서 설교하며 정말 힘든 시기를 보냈습니다. 그러나 교회는 건물이 아니고 우리가 드리는 곳이 예배 처소라고, 흩어지는 교회가 선교적 교회라고 이야기를 나누고 묵상해 왔기 때문에 팬데믹 기간에도 흔들리지 않고 신앙을 더욱 다져 나갈 수 있었습니다. '와, 이렇게 준비될 수도 있구나' 하는 생각에 새삼 하나님께 감사와 찬양을 올려 드렸습니다.

어떤 사람들은 마치 우리가 미래를 내다보는 점쟁이라도 되는 것처럼, "어떻게 팬데믹이 올 것을 알고 미리 준비했습니까?" 하고 묻습니다. 우리는 팬데믹을 준비한 게 아닙니다. 단지 미래의 교회를 준비하고 있었던 것입니다. 우리가 이렇게 준비해 나갈 때 하나님이 우리를 쓰실 수 있겠다는 믿음이 있었습니다.

'정선' 하면 무엇이 떠오릅니까? 많은 분이 카지노를 떠올리지요. 그런데 저는 정선과 가까운 곳 사북에서 목회하시는 어느 목사님이 떠오릅니다. 이분이 특수목회를 하고 계셨는데, 정선 카지노에서 패가망신한 사람들을 돌보는 일이었습니다. 번듯했던 사람들이 도박 중독에 빠져 전 재산을 잃는 것도 모자라 빚까지 지고 마침내 노숙자 처지가 되어 막장 인생을 살아간다고 합니다. 목사님은 이들을 먹여 주고, 재워 주고, 거기다 배달이나 설거지, 막노동 등의 일자리를 소개해 주고 일상생활로의 회복을 돕고 있었습니다. 그런데 이분에게 고민이 있으시답니다. 이 사람들이 일을 시작하고 한 달 월급을 받으면 대부분 다시 카지노 도박판으로 가서 다 잃고 온답니다. 그야말로 악순환입니다. 목사님은 '이런 사람들을 계속 도와야 하는가? 밑 빠진 독에 물 붓기 같은 일을 계속해야 하는가?' 질문하게 된다고 했습니다. 그런데 이 질문에 주님이 이렇게 말씀해 주셨답니다.

"당연히 계속해야 한다. 내가 너희를 그렇게 사랑한다. 내가 너희를 끝까지 포기하지 않고 품고 있는 것처럼, 너도 그렇게 해라."

사역은 내 호불호에 대한 문제가 아닙니다. 주님이 그렇게 하셨으니 우리도 하는 것입니다. 이것이 교회의 사역 방향이 되어야 합니다.

우리가 왜 교회의 미래를 말해야 합니까? 하나님이 진정으로 원하시는 일의 방향에 우리가 분명히 서 있기 위해서입니다. 오늘을 목표로 살아간다면 우리는 일상사에 얽매여 의미 있는 삶을 살 수 없습니다. 내일을 목표로 삼을 때에야 고귀한 하나님의 부르심에 응답할 수 있습니다. 하다못해 옷 가게들도 계절을 앞서서 물건을 진열합니다. 봄이면 여름 옷을, 여름이면 가을 옷을 내놓습니다. 교회도 그렇습니다. 하나님의 부르심에 응답하는 교회, 쓰임받는 교회가 되려면 미래를 준비해야 합니다.

초대교회를 따르는 우리 교회

지난 5월 만나교회 본당에서는 조금 특별한 일이 일어났습니다. 바로 청년들의 코스튬 패션쇼였습니다. 젊은이들이 모여 분장을 하고 옷을 꾸며 입고 젊음을 발산했습니다. 웬 패션쇼냐고 생각할지 모르겠습니다. 그런데 최근 세상에서 벌어진 여러 참상을 보며 저는 그런 생각이 들었습니다. 과연 젊은이들이 그런 참담한 사건을 겪기까지 교회는 무엇을 하였는가. 교회가 그들에게 올바른 방향을 제시해 주었는가.

단순히 혀를 차며 '젊은이들이란' 하는 태도가 아니라, 그들에게 대안을 제시해 주고 싶었습니다. 보다 안전하게 젊음을 발산할 수 있는 장소를 만들어 주고 "교회로 와라!" 하고 말해 주고 싶었습니다. 젊은이들이 희망을 가지고 머물 수 있는 곳이 다름 아닌 교회가 되었으면 좋겠다고 생각했습니다. 아무도 하지 않는다면 우리 교회가 그 일을 해 보자 마음먹고 무모한 시도를 했습니다.

패션쇼 주제를 "내 백성을 위로하라"는 이사야서 말씀으로 잡았습니다. 본당 안에 런웨이가 설치됐고, 청년들이 주인공이 되어 그 위를 걸었습니다. 한국 교회가 청년들을 향하여 '우리가 너희에게 위로가 되고 싶다'는 메시지를 주기를, 또 청년이 그런 사실을 알기를 바라는 마음을 담았습니다. 한 번의 이벤트로 끝날지, 하나님이 계속해서 이 사역을 쓰실지는 모르겠습니다. 그렇지만 한번 해 보기로 했습니다. 아무 것도 하지 않으면 미래를 준비할 수 없기 때문입니다.

초대교회라고 특별히 대단한 일을 한 게 아니었습니다. 기껏해야 모여서 떡을 떼고 함께 기도하고 서로 필요를 나눴습니다. 그런데 그 공동체에 기사와 이적이 일어났습니다. 예배하는 공동체, 하나님을 찬송하는 공동체가 세워졌습니다. 그 공동체를 세상 사람들이 칭송하더니 나아가 주께서 구원받는 사람을 날마다 더하셨습니다. 우리가 착각하고 있었던 게 아닐까요? 우리는 늘 교회의 부흥을 꿈꾸지요. 그런데 초대교회는 부흥을 꿈꾸지 않았습니다. 예수님의 제자들이 말씀대로 살아갔더니 그 교회가 세상의 칭송을 받았을 뿐이고, 하나님이 믿는 자의 숫자를 더해 주셨을 뿐입니다. 언제부터인가 우리 교회가 부흥을 위해 존재하는 공동체가 되고 있지는 않나요? 그러나 부흥은 우리가 하나님 말씀대로 살아갈 때 하나님의 역사로 일어나는 일입니다.

오래전, 제가 만나교회의 담임이 되었을 무렵 대학 강의를 다녀오는 길에 꼭 들었던 라디오 프로그램이 있습니다. 그때 그 라디오에서는 생활이 어려운 사람들 사연을 소개해 주고는 했는데, 하나님이 그 무렵 제게 여린 마음을 주셨는지 사연을 들으며 얼마나 눈물을 흘렸는지 모릅니다. 한번은 눈물이 너무 나와서 운전하는 것조차 힘들어 갓길에 차를 세워 놓고 기도했습니다.

"하나님, 제가 저들을 도울 수 있을까요?"

그런데 제게 별로 힘이 없더군요. 그때는 만나교회가 빚도 많아서 누구를 돕는다는 게 참 쉽지 않은 상황이었습니다. 그런데 제 안에는 '하나님, 교회가 상황이 어려운 사람들을 돕는 일을 해야 하지 않을까요?' 하는 마음이 떠나지 않았습니다.

그리고 20년이 지난 지금, 저희 만나교회에 최고의 브랜드가 하나 생겼습니다. '한 셈 치고'입니다. 커피 한 잔, 밥 한 끼 먹은 셈 치고 그 돈을 모아 이웃을 돕자고 독려하는 일종의 캠페인입니다. 우리 교회의 한 가정이 가장의 전신 화상으로 어려움에 처한 적이 있는데, 그 가정을 살리고 싶다는 마음으로 시작되었습니다.

10년쯤 전에는 불의의 사고로 갓난아이를 포함해 네 명의 자녀를 남겨 놓고 가장이 먼저 세상을 떠난 가정을 만났습니다. 하나님이 우리에게 긍휼한 마음을 주셨어요. 그 가정은 만나교회 성도도, 예수 믿는 가정도 아니었지만 지금까지 우리가 그 가정의 아이들을 돕고 있습니다. 그뿐만 아니라 우리는 전쟁 피해를 입은 우크라이나 사람들, 산불 피해를 당한 이재민 등을 도왔습니다. 우리 교회와 전혀 관계없고 알지 못하는 교회들에 헌금이 흘러갔습니다.

비전 2020을 시작하면서 기도한 것이 있습니다.

"하나님, 우리 만나교회가 헌금을 잘 흘려보내는 교회가 되었으면 좋겠습니다."

사실 저는 이 기도를 잊어버리고 있었습니다. 그런데 2023년 우리 교회 재무부에서 발표한 헌금 도표를 보니, 만나교회 헌금의 46.1퍼센트가 선교와 교육과 나눔으로, 32.6퍼센트가 관리와 재무로, 그리고 다음세대를 준비하는 적립금으로 16.2퍼센트가 쓰이고 있었습니다. 어찌나 감사했는지 모릅니다. 앞으로도 만나교회가 세상에, 다른 교회들에 우리는 헌금을 이렇게 흘려보내고 있다고 자신 있게 이야기할 수 있는 교회가 되면 좋겠다고 기도했습니다. 초대교회가 "각 사람의 필요를 따라 나눠"(행 2:45) 주었다고 한 것처럼, 우리 교회가 "우리는 이런 프로그램, 이런 행사를 해"가 아니라 어려운 이웃의 필요를 발견하고 그들의 필요를 따라 나눌 수 있는 교회가 되기를 기도합니다.

또 한 가지 감사한 것이 있습니다. 언제부터인가 교회에서 목회자가 헌금 이야기, 돈 이야기를 하면 '저 교회 조금 이상한 곳 아냐?' 하는 시선이 있었는데, 우리 교회는 제가 "여러분, 헌금하세요. 오늘 지갑 다 털고 가세요" 하고 이야기해도 교인들이 전혀 거부감을 갖지 않습니다. 그 헌금이 어디에 어떻게 쓰이는지 자신 있게 말할 수 있어서 그렇습니다. 성도들도 다 알고 있어요. 하나님이 세우신 초대교회의 모델을 따라가는 교회가 된다는 것, 그게 우리에게 얼마나 큰 축복입니까? 2003년에 제가 이와 같은 마음으로 '사랑 나눔 운동본부'를 만들자고 제안했는데, 지금은 '월드휴먼브리지'라는 중견 단체로 만들어 가고 있습니다.

예전에는 제가 우리 교회 목회자들과 여행을 잘 다녔습니다. 한번은 속초에 한 식당에 가게 되었는데, 주름이 깊게 팬 한 할

머니가 우리 식사하는 데 와서 정말 귀찮을 정도로 감자떡을 팔기에 몇 개 사 드렸습니다. 그러면서 제가 먹던 회를 한 점 싸서, 예전에 강원도에서 잠깐 목회하던 때의 기지를 발휘해서 사투리를 섞어 "좀 잡숴 보드래요" 하고 드렸습니다. 그런데 그 할머니가 제가 드린 회를 드시고는 옆 테이블에 손님이 놓고 간 소주 한 잔을 마시더군요. 제가 여쭈었습니다.

"할머니 혹시 교회 다니세요?"

그랬더니 할머니가 나는 안 다닌다면서, 사실 시동생이 아주 술주정뱅이였는데 예수 믿고 술을 끊었다고 이야기해 주었습니다. 그래서 제가 예수님 이야기를 해 드렸습니다. 그리고 교회를 다녀 보시라고, 사실은 제가 목사라고 말씀드렸습니다. 그랬더니 그 할머니가 이렇게 이야기해 주었습니다.

"그래서 술을 안 먹었드랬어요? 어쩐지 점잖고 멋있드래요."

그 말에 제 마음이 어찌나 기뻤는지 모릅니다. 예수 믿는다는 것이 참 기쁜 일이구나 하는 생각도 했습니다. 예수 믿는다는 것이 그런 것입니다. 믿지 않는 누군가가 봤을 때 '참 멋있다'고 이야기할 수 있는 사람이 되는 것입니다. 예수 믿는 기쁨, 믿음으로 살아가는 기쁨이 제 안에, 우리 안에 다시 회복되기를 바랍니다. 만나교회가, 한국 교회가 이 회복을 이루기를 바랍니다.

지난 10여 년 동안 저를 아주 괴롭게 하는 일이 하나 있습니다. 온라인에 저를 향한 굉장히 적대적인 글들이 보이는데, 제가 동성애 찬성론자라는 것입니다. 그 말이 나오게 된 이유가 있습니다. 10여 년 전 제가 성경공부를 하는데, 성도 중 한 명이 동성연애자들에 대하여 교회가 어떤 태도를 취해야 하느냐고 물었습니다. '그건 안 되죠!'라는 대답이 불쑥 나오려고 했습니다. 그런데 그때 '예수님이라면 어떻게 하셨을까?'라는 질문이 제 속에 들어왔습니다. 우리가 성경적 가치관을 가지고 어떻게 동성애를 찬성하겠습니까? 성도에게는 분명한 성경적 가치관, 죄와 죄가 아닌 것에 대한 구분이 있습니다. 그런데 예수님은 "그것은 죄다"라고 분명히 말씀하시지만, 그 죄를 지은 사람들을 향한 긍휼의 마음을 한 번도 거두신 적이 없습니다. 그들을 떠나지 않고 오히려 죄인과 친밀히 교제하셨습니다.

왜 우리는 죄와 죄인을 동일시할까요? 아직은 하나님을 믿지 않지만, 곧 하나님을 믿을 사람들에 대하여 예수님처럼 긍휼히 여기는 마음이 없을까요? 우리는 이 질문을 굉장히 중요하게 여기고 스스로에게 던져야 합니다. 그리고 우리 교회는 매 순간 이렇게 질문해야 합니다.

'예수님이라면 어떻게 하셨을까?'

언젠가 한 셈 치고 헌금을 몽골에 있는 아가페 병원 건축을 돕는 일에 사용하고자 했고, 많은 교인이 동참해 주었습니다. 몽골에 있는 병원은 우리 교회 파송 선교사가 운영하는 곳도 아니고, 우리 교회가 지분을 가지고 무엇을 해야 하는 곳도 아니었습니다. 단지 그 땅에 병원이 필요하니 돕고자 한 것이었습니다. 그런데 병원 건축에 문제가 생겼습니다. 문제를 해결하는 과정에서 조사를 하다 보니까 만나교회가 병원 건축에 가장 많이 헌금한 것을 알게 되었습니다. 그래서 의도치 않게 문제가 생긴 그 병원을 만나교회가 도와야 하는 형편에 처하게 되었습니다. 그래서 우리 교회 장로님이 그곳에 가서 상황을 정리하기로 했습니다.

그런데 얼마 지나지 않아 몽골 병원을 맡은 선교사님이 현재 상황에 대해 보고해 주었습니다. 원장님은 지금의 그 병원을 세우고 빨리 자립시켜서 마치 우리나라의 세브란스병원처럼 운영해 나가고 싶다고 말했습니다. 그런데 코로나 기간에 몽골에 노숙자가 많이 생겼고, 그 사람들이 병원을 찾았답니다. 한번은 발에 화상을 입은 데다 온몸이 소변 냄새로 찌든, 정말 눈뜨고 보기 어려운 노숙자가 찾아왔답니다. 덜컥 든 생각이 '큰일이다. 이런 사람들이 또 오면 어떡하지?'였다고 합니다. 일단 이런 환자들은 병원에 돈이 안 되고, 이런 환자들이 병원에 오기 시작하면 다른 환자가 오지 않는다는 것입니다. 그런데 그때 몽골 간호사 한 명이 그 환자의 오줌 냄새로 찌든 양말을 벗기고 발을 씻겨 주더랍니다. 선교사님이 이렇게 기도했다고 합니다.

"하나님, 처음 제가 이곳에 올 때 가졌던 그 마음이 어디에 있나요? 언제부터인가 병원 자립이 목적이 되어서 그 마음을 잃어버린 것 같습니다."

그런데 그 말이 저에게 하는 말 같았습니다.

"하나님, 만나교회가 어려움에 처한 사람들을 돕고 싶다면서 흘렸던 그 눈물의 마음을 제가 잊어버린 것 같습니다. 하나님 우리 교회가 아버지 하나님의 마음을 회복하게 하여 주옵소서. '예수님이라면 어떻게 하셨을까?' 질문하며 교회의 모습을 회복하기를 간절히 소원합니다."

만나교회는 지난 코로나 팬데믹 기간 동안 생각지 못할 만큼 정말 큰 부흥을 경험했습니다. 하나님은 우리 교회에 많은 자원도 주셨습니다. 우리의 사역이 내가 하고 싶은 일로 끝나지 않고 하나님이 주신 사명을 감당하기를 바랍니다.

호주 크로스링크 크리스천 네트워크(CCN) 총재이자 복음주의 목사인 브라이언 매드웨이(Brian Medway)는 이런 말을 했습니다.

"교회에는 예수님을 사랑하는 자들로 가득 차 있다. 그러나 그들은 정작 예수님이 사랑하시는 대상은 사랑하지 않고 있다."

우리는 예배 드리고 찬양하면서 "하나님 사랑합니다" 하고 고백합니다. 그런데 예수님이 사랑하시는 자들에 대한 마음이 우리에게 없다면 무언가 잘못된 것이 아닐까요? 이것은 제게도 동일하게 던지는 질문입니다.

"하나님 제가 만나교회 담임이 되어서 그때 가졌던 마음, 교회가 가야 할 길을 꿈꾸게 하셨던 그때의 일을 끝까지 기억하게 하여 주옵소서."

하나님이 우리 각자를, 그리스도인을 부르셨습니다. 그날의 기억이 모두에게 있을 것입니다. 우리에게 주신 그날의 마음이 변치 않기를 바랍니다. 하나님 마음이 우리 안에 살아 있기를, 우리가 꿈꾸는 교회가 내 만족이 아니라 '예수님이라면 어떻게 하셨을까?'를 질문하고 얻는 답으로 나아갈 수 있기를 바랍니다. 그럴 때 한국 교회가 정말 멋진 교회, 다음세대가 "그래, 저 교회를 보니 우리가 가야 할 길이 보이는 것 같아"라고 말할 수 있는 교회가 될 것이라 믿습니다. 그렇게 믿음의 후배들이 따라올 수 있는 교회를 함께 꿈꾸며 만들어 가 보지 않겠습니까?

Part 2

다시, 감격 있는 예배로

사도행전 2장 42-47절

42 그들이 사도의 가르침을 받아 서로 교제하고 떡을 떼며 오로지 기도하기를 힘쓰니라

43 사람마다 두려워하는데 사도들로 말미암아 기사와 표적이 많이 나타나니

44 믿는 사람이 다 함께 있어 모든 물건을 서로 통용하고

45 또 재산과 소유를 팔아 각 사람의 필요를 따라 나눠 주며

46 날마다 마음을 같이하여 성전에 모이기를 힘쓰고 집에서 떡을 떼며 기쁨과 순전한 마음으로 음식을 먹고

47 하나님을 찬미하며 또 온 백성에게 칭송을 받으니 주께서 구원받는 사람을 날마다 더하게 하시니라

5. 어제보다 성숙한 신앙인이 됩시다

　요즘 엠지(MZ) 세대 이야기를 많이 합니다. 저도 행여 그들에게 '꼰대' 목사가 되는 것은 아닌지 경각심을 갖게 됩니다. 어떤 설문조사를 보니 엠지 세대가 말하는 꼰대란 무조건 나이가 많은 사람을 말하는 것이 아니고, 아주 진부하고 고루한 생각을 하는 사람을 칭한다고 합니다. 삶에 도움이 되는 조언을 해 줄 수 있는 사람은 오히려 멘토라 여긴다더군요.

　꼰대와 멘토, 그 간극을 무엇으로 설명할 수 있을까요? 저는 성숙의 차이가 아닐까 생각합니다. 그렇다면 성숙하다는 것은 무엇일까요? 우리가 알고 있는, 너무나 당연한 일들을 그저 지식에서 그치는 것이 아니라 삶으로 살아 낼 때 비로소 성숙하다고 말할 수 있는 것이 아닐까요? 그러니까 엠지 세대는 알고 있는 것으로 잔소리하는 어른이 아니라, 그대로 살아 내는 인생의 선배를 바라는 것인지도 모르겠습니다.

　신앙에 있어서도 우리는 꼰대가 아니라 멘토가 되어야 합니다. 말씀을 아는 것에서 멈추지 않고 삶으로 살아 내는, 성숙한 그리스도인이 되어야 합니다.

교회의 성숙을 방해하는 것, 전통

어느 집단이 과거부터 지금까지 지켜 온 자긍심, 습관 같은 것을 전통이라고 말합니다. 전통은 자신에게 혹은 자신이 속한 집단에게 아주 익숙한 어떤 것입니다. 사람은 흔히 익숙해진 것을 바꾸지 못합니다. 이것은 나이가 많고 적음의 문제가 아닙니다. 익숙함에 젖어 있을 때 평안함을 느끼는 인간의 습성 같은 것입니다. 그러나 우리 신앙이 익숙함에 머물러 있느냐, 아니면 본질을 향해 나아가느냐 하는 것은 굉장히 중요한 부분입니다. 전통이 나쁜 것이 아닙니다. 하지만 전통은 때때로 본래 가지고 있었던 본질적인 정신을 왜곡하거나 방해합니다. 그래서 전통에 의해 움직이는 사람이나 교회는 절대 성숙의 단계로 나아가지 못합니다. 즉 성숙함은 전통을 넘어서는 것입니다.

예를 들어 봅시다. 만약 전통의 기준을 단순히 지금까지 해 왔던 것을 그대로 따라가는 것이라고 생각한다면 어떻게 될까요? 가장 성경적인 그리스도인이란 예수 그리스도시지요. 그렇다면 우리가 2천 년 전 예수님이 공생애를 지나시면서 이 땅 위에서 행하셨던 모든 행동을 그대로 따라 하는 것이 예수님을 잘 믿는 것일까요? 저는 그렇게 생각하지 않습니다. 우리가 어떻게 예수님의 행하신 일들을 다 따라 할 수 있겠습니까? 그것은 불가능합니다. 또 2천 년 전과 지금은 문화가 다르고, 시간이 흐름에 따라 그 행동을 이해하는 양식들이 달라질 수 있습니다.

그렇다면 어떻게 하는 것이 성숙한 신앙일까요? 예수님의 행동을 그대로 흉내 내는 것이 아니라, 예수님이 그렇게 말씀하신 이유를 곱씹고 의미를 생각해 보는 것입니다. 그리고 그 의미를 현재를 사는 우리 인생에 대입해 보는 것입니다. 그럴 때 우리는 성숙하고 깊은 신앙의 단계로 들어갈 수 있습니다. 우리 젊은 세대가 이런 고민을 하고 더 성숙한 그리스도인의 길을 가기 원합니다. 그럴 때 한국 교회에 미래가 있습니다.

하나님이 이스라엘 백성들을 출애굽 시키시고 광야를 지나게 하실 때 여러 기적을 베푸셨는데, 그중 하나가 만나를 내려 주신 일입니다. 하나님은 이렇게 말씀하셨습니다.

"얘들아, 너희가 그 만나를 거둘 때 하루치 이상을 거두지 마라. 매일 먹을 만큼만 거두어라."

그런데 사람들은 합리적으로 생각합니다.

'뭐 하러 같은 일을 매일 해? 어차피 내일도 주워야 하는데 그냥 이틀, 사흘 치를 한꺼번에 거두자.'

그렇게 이스라엘 백성들은 만나를 많이 거둬 쌓아 두었는데, 그게 하루만 지나면 다 썩어 버렸습니다. 이 만나 사건을 통해 하나님이 이스라엘 백성들에게 가르쳐 주고 싶은 것이 있으셨습니다. '광야를 지나는 너희는 내 도움 없이는 하루도 살 수 없는 존재란다' 하는 것이지요. 하나님은 백성들과 그러한 신앙의 관계를 맺고 싶으셨던 것입니다. 그런 하나님 속도 모르고 이스라엘 백성들은 합리적인 생각만 한 것입니다.

만나를 줍는 조건에 예외 사항이 하나 있었습니다. 안식일 전날은 안식일 것까지 거두어도 상하지 않았다는 것입니다. 왜냐하면 비록 이스라엘 백성들이 고된 광야에 있지만, 안식일에는 일하지 않고 편히 쉴 수 있도록 하신 하나님의 배려였습니다. 그런데 이게 전통으로 굳어졌습니다. 마태복음 12장에 보면 예수님이 안식일에 손 마른 자를 고치셨는데 바리새인들이 뭐라고 이야기합니까? 안식일에는 병자도 고치지 말고 아무 것도 하지 말라고 했는데, 왜 이런 일을 하느냐는 것입니다. 그래서 논쟁이 일어났고, 이 일로 예수님을 죽이자는 작당까지 하게 됩니다. 예수님은 참 답답하셨습니다. 안식일은 우리를 위해 하나님이 주신 날입니다. 하나님의 우리를 향하신 사랑이 깃든 날입니다. 그런데 그들은 이 안식일의 정신을 잃어버렸습니다.

이렇게 우리가 전통에 따라 습관적으로 신앙생활을 하면 하지 말아야 할 것이 자꾸 눈에 들어옵니다. 매사에 '신앙인이라면 이런 건 하지 말아야지' 하는 것입니다. 그런데 진짜 성숙한 신앙은 하지 말아야 하는 것이 아니라 지금 해야 하는 것이 보입니다. 지금 신앙생활하면서 하지 말아야 할 것들 때문에 힘듭니까, 아니면 하나님 마음과 말씀의 진리 때문에 해야 할 일들로 충만합니까?

사람에 의해 좌우되지 않는 신앙

또한 신앙이 성숙한 사람은 사람에 의해서 좌우되지 않습니다. 예수님은 베드로의 "주는 그리스도시요 살아 계신 하나님의 아들이시니이다"(마 16:16)라고 하는 고백 위에 교회를 세우셨습니다. 이것이 교회의 명백한 표증입니다. 교회는 주님의 주 되심을 인정해야 합니다. 따라서 교회에 모인 우리는 다른 누구도 아닌 예수님을 주라 고백하는 사람들의 모임이어야 합니다.

요즘 만나교회에 새가족이 많이 찾아옵니다. 그러면 나무공동체가 형성되는데, 하루에도 네 번, 다섯 번 들어오는 요청이 있다고 합니다. 공동체를 바꿔 달라는 내용입니다. '저 사람이 나하고 맞지 않아요'라는 것입니다. 냉정히 생각해 봅시다. 우리가 교회에 온 것은 예수님을 믿기 위해서입니다. 그런데 우리 신앙에 가장 큰 걸림돌이 나와 맞지 않는 다른 사람이라고 하면, 뭔가 잘못된 것 아닐까요? 내가 주님의 주 되심을 인정한다면 우리의 다름을 인정하고 함께 갈 수 있어야 합니다. 이것을 못 한다면 우리의 신앙은 성숙하지 못하고 계속해서 어린아이의 수준에 머물러 있게 될 것입니다.

사실 이런 문제는 비단 새가족 반에서만 일어나는 일이 아닙니다. 한국 교회 전체를 보세요. 정말 많은 교파가 있습니다. 이런 교파가 왜 생겨났는지 알고 있습니까? 처음에는 하나의 공동체였는데, 신앙생활을 하다 보니 다른 부분이 생기는 것입니다.

교리적으로 당신과 내가 생각하는 교회가 다르고, 신앙의 모습이 달라서 각자 추구하는 의지대로 갈라졌습니다. 물론 교파가 나뉠 수야 있겠지요. 그러나 교파 간에 갈등이 일어나고 서로 이해관계를 따진다면 뭔가 문제가 있는 것 아닐까요?

교파의 문제는 어제오늘의 이야기가 아닙니다. 초대교회 때도 있었습니다. 바울이 고린도교회에 이렇게 편지를 썼습니다.

11 내 형제들아 글로에의 집 편으로 너희에 대한 말이 내게 들리니 곧 너희 가운데 분쟁이 있다는 것이라 12 내가 이것을 말하거니와 너희가 각각 이르되 나는 바울에게, 나는 아볼로에게, 나는 게바에게, 나는 그리스도에게 속한 자라 한다는 것이니 13 그리스도께서 어찌 나뉘었느냐 바울이 너희를 위하여 십자가에 못 박혔으며 바울의 이름으로 너희가 세례를 받았느냐 (고전 1:11-13).

고린도교회는 바울이 개척한 교회지요. 그런데 여기에 게바파, 아볼로파, 바울파, 심지어 그리스도파가 나뉘어졌다는 것입니다. 사실 이건 충분히 예상 가능한 상황입니다. 바울이 개척한 교회니 바울파가 있었을 것이고, 아볼로는 말씀 전하는 데 탁월한 능력이 있는 사람이었으니 그 가르침에 매료된 사람도 있었을 것입니다. 또 당시는 사도권이 굉장히 중요했던 때라 바울보다는 예수님의 수제자, 예수님을 직접 따랐던 베드로에게 열

광하는 사람도 있었을 것입니다. 즉 그들은 서로의 신앙을 설명할 합리적인 이유가 있었습니다. 그런데 바울이 그런 교인들에게 그럽니다.

"내가 여러분을 위해 십자가를 졌습니까? 내가 여러분에게 세례를 줄 때 바울의 이름으로 준 적 있습니까? 십자가를 지신 분도 그리스도시고, 우리가 세례를 베푸는 것도 예수 그리스도의 이름으로 합니다. 그런데 왜 여러분은 사람에 속한 것으로 편을 가르고 다툽니까? 왜 사람의 영향을 받아 신앙생활을 합니까?"

교회는 그리스도의 주 되심을 인정하는 곳입니다. 내 영광이나 내 뜻이 드러나는 것은 교회가 아닙니다.

이단이 왜 이단인지 아십니까? 그들은 사람 중심으로 세워진 집단입니다. 사람의 욕심 위에 세워졌습니다. 어떤 이단은 처음엔 신실한 교회에서 출발합니다. 성령의 은사들도 나타났습니다. 그런데 언제부터 그리스도의 주 되심이 사라지고 인간의 욕심이 그 자리를 대신합니다. 그러면 교회는 타락할 수밖에 없습니다. 이단의 길을 가게 됩니다. 우리는 이것을 분별할 줄 알아야 합니다.

우리가 늘 생각해야 할 것이 있습니다. 우리는 사람에 의해 좌우되어서는 안 됩니다. 사람의 나약함과 복음의 본질을 분별할 줄 알아야 합니다.

R.T. 켄달(Kendall)의 《내일의 기름부음》에는 '어제의 사람' '오늘의 사람' '내일의 사람'에 관한 이야기가 나옵니다. 어제의 사

람이란 하나님이 기름을 부으셨으나 하나님의 영광이 떠난 사람이고, 오늘의 사람은 하나님이 지금 사용하시고 있는 사람이며, 내일의 사람은 하나님이 기름 부으실 사람입니다.

그런데 중요한 건, 어제의 사람 즉 하나님의 영광이 떠나간 사람은 하나님이 쓰실 수 없다는 것입니다. 조금 더 눈을 들어서 이 이야기를 교회에 대입해 봅시다. 지금 우리 청년 세대가 어디 가서 교회 다닌다고, 예수 믿는다고 말하기 힘든 이유가 뭘까요? 수치스러운 것입니다. 왜 그렇습니까? 한국 교회에 하나님의 영광이 떠나가서 그렇습니다. 하나님의 이름이 영광스럽지 않은 것입니다. 그러니 하나님이 우리를 쓰지 못하시는 것입니다. 지금 우리는 어떻습니까? 어제의 사람입니까, 오늘의 사람입니까, 내일의 사람입니까?

저는 이 절망 가운데서 소망을 봅니다. 하나님의 기름부으심이 임하면, 그분의 영광이 우리 가운데 회복되면 우리를 다시 쓰실 것이기 때문입니다. 사실 지난 2천 년 기독교 역사 가운데 세상은 복음에 대해, 교회에 대해 결코 우호적이던 때가 없었습니다. 그런데 하나님의 기름 부으심이 교회에 임할 때, 그분의 영광이 나타날 때 기적이 나타나곤 했습니다. 그것이 하나님이 일하시는 방법입니다. 하나님은 분명 사람을 통해 일하시지만, 하나님의 방법으로 일하십니다. 하나님이 일하시는 데에 사람이 필요한 것은 맞지만, 그 사람만 사용하여 일하시지는 않습니다.

그렇기 때문에 우리는 분별해야 합니다. 흔히 누군가를 가리켜 '하나님의 사람'이라고 말합니다. '저 사람을 하나님이 쓰신다'고도 말하지요. 그러나 그 사람이 아닌 순간도 오게 마련입니다. 그에게서 하나님의 영광이 떠나가는 순간이 올 수 있다는 것입니다. 이것을 분별할 줄 알 때 우리의 신앙이 한 걸음 더 성숙으로 나아갈 수 있습니다.

제가 몸이 많이 아팠던 때가 있습니다. 그때는 눈에 물이 차서 글씨를 보기도 힘들었고, 여러 어려운 상황으로 설교를 12주 정도 할 수 없었습니다. 이 시간 동안 내가 교인들을 위해 무엇을 할 수 있을까 고민했습니다. 그래서 제 기준으로 한국 교회에서 설교를 참 잘하시는 목사님들에게 연락을 드려서 한 주씩만 우리 교회에서 주일 설교를 해 주십사 부탁을 드렸습니다. 저는 그 시간이 만나교회 교인들에게 좋은 기회가 될 거라 생각했습니다.

그런데 한 주 한 주 시간이 지나자 제 생각과 다르게 교인의 수가 줄어 가는 것이 눈에 보였습니다. 마음이 어려워졌습니다. 숫자가 줄어서가 아니라, 혹시나 교인들이 주일예배 자리를 지키지 못할 만큼의 어려움이 있는 것일까 걱정이 되었습니다. 나름대로 고심해서 좋은 목사님들을 초청했다고 생각했는데, 내 생각이 틀렸던 걸까 싶어졌습니다. 그래서 젊은 교인 한 명에게 왜 주일예배에 오는 교인 수가 줄어드는지 물어봤습니다. 그랬더니 이렇게 말해 주더군요.

"목사님, 좋은 설교는 TV나 인터넷을 틀면 얼마든지 들을 수 있습니다. 우리에게 필요한 건 목자입니다."

그때 그 말에 가슴이 덜컥 내려앉는 것 같았습니다. 설교자가 아니라 목자를 갈망하는 현대인들. 그런데 만약 우리의 목자가 참 목자인지 거짓 목자인지를 분별하지 못하면 큰일 아닐까요? 한순간에 신앙생활에 이상이 생길 수도 있습니다.

제 나이도 어느덧 60을 바라보고, 35년 목회를 하고 있습니다. 때때로 '아, 내가 완숙해지고 있는 것 같다'는 생각이 들기도 합니다. 똑같이 설교를 준비하고 단에 서는데 예전보다 많이 편안해졌습니다. 그런데 덜컥 겁이 납니다. "목사님, 은혜 받았습니다"라는 말을 들을 때 그렇습니다. 새신자 중에는 "목사님 설교가 신선해서 옮겼습니다"라는 말도 하십니다. 그런 말을 들으면 음식의 신선도도 유통기한이 있는데, 만약 내 설교가 신선함을 잃으면 어떡하나, 그래서 저 성도가 상처를 받고 또 다른 교회를 찾아 방황하게 되면 어떡하나, 행여 내가 목사로서, 리더로서 주님의 영광을 가리면 어떡하나 하는 두려움이 생깁니다.

저는 한낱 인간이기 때문에 충분히 그럴 수 있습니다. 교인의 마음에 들지 않는 순간이 올 수 있습니다. 그럴 때 교인들이 사람의 어떠함 때문에 신앙이 흔들리지 않으면 좋겠습니다. 사람의 어떠함으로 좌우되지 않으면 좋겠습니다. 물론 저도 인격적으로나 신앙적으로 흔들리지 않기 위해 노력할 것입니다. 만나교회 교인들을 대표하는 리더로서 본질 위에서 흔들리지 않으려 애쓸 것입니다. 그러니 우리가 함께 그리스도의 주 되심 위에 신앙을 세워 나갑시다. 성숙을 향해 나아갑시다.

하나님의 마음이 있는 곳에 돈을 쓰는 교회

제가 군목 시절 정말 많이 회개했던 일이 있습니다. 당시 제가 맡았던 군교회는 교인이 많은 곳이었는데, 사실 사병들은 교회에 간식 받으러 오는 일이 많고 헌금하는 일이 별로 없습니다. 군교회 헌금은 대부분 장교나 군인 가족들로부터 나오고, 대부분 사병들 위문할 때 쓰곤 합니다. 그러다 보니 아무리 교인이 많아도 재정이 넉넉하지 않습니다. 그런데도 저는 한 번도 교인들에게 헌금에 대해서는 언급하지 않았습니다. 혹시라도 처음 교회에 나왔거나 믿음이 약한 교인들에게 상처가 될까 봐, 그래서 교회에 나오지 않을까 봐 그랬습니다. 그런데 하루는 하나님이 무섭게 저를 질책하셨습니다.

"너는 삯꾼 목자다. 가장 중요한 것을 가르칠 수 있는 용기가 없는 사람이다."

예수님은 "네 보물 있는 그곳에는 네 마음도 있느니라"(마 6:21)라고 하셨습니다. 이 시대를 살아가는 사람에게 돈은 중요한 문제입니다. 돈 없이 살 수 있는 사람은 아무도 없지요. 그래서 교회는 돈 이야기를 빼놓고 가서는 안 됩니다. 우리 삶에 돈은 신앙의 성숙도를 보여 주는 아주 중요한 요소이기 때문입니다.

그렇다면 교회가 이 돈을 어떻게 바라보고 사용하는 것이 성숙한 모습일까요? 예를 들어 교회가 매사에 '돈이 얼마가 들어가는가?' '이 행사를 하며 돈을 얼마나 절약했는가?'를 기준으로 삼는다고 해 봅시다. 과연 교회가 해야 하는 일, 영혼을 구원하는 일을 아무 장애 없이 자유롭게 할 수 있을까요? 건강한 교회는 이렇게 질문해야 합니다.

"하나님 마음이 있는 곳이 어디입니까?"

우리 인생에서도 마찬가지입니다. 하나님이 나에게 주신 물질이 무엇을 위해 어떻게 쓰여야 하는지를 분명히 물을 때 우리는 성숙한 사람이 될 수 있습니다.

보통 우리는 월급을 받으면 일부분 저축을 하고 필요한 것을 위해 소비합니다. 저축을 하는 이유는 다양하지요. 집이나 차를 사려는 목적이 있을 수도 있고, 여행이나 유학을 계획하기도 합니다. 삶에 계획을 세우고 살아가는 게 문제가 될 건 없어요. 저역시 군에 있을 때부터 유학 계획을 세우고 철저히 돈을 모았습니다. 아버지는 제가 유학을 간다고 해도 경제적인 도움을 주실분이 아니라는 것을 알았기 때문에 저는 제 힘으로 해야 한다는 생각이 컸습니다. 당시 군인들에게는 많은 특혜가 있었는데, 퇴직금도 있었고, 군인공제라는 적금을 들면 훨씬 많은 이자를 받을 수 있었습니다. 저는 군인 월급을 받으면 그런 적금을 들어서 열심히 저축했습니다.

그런데 언젠가 하나님이 그걸 보게 하시고 말씀하셨습니다.

"네 계획이 너무 치밀해서 내가 네 삶에 개입할 수가 없다."

보통 군교회에서 하는 일이 병사들 위문이었는데, 저는 헌금이 있는 만큼만 일했습니다. 돈이 없으면 하지 않았습니다. 그런데 하나님은 그것을 회개시키셨습니다.

"너는 어떻게 네게 있는 돈으로만 사역하니?"

그때부터 저는 필요한 곳을 보고 가진 것을 내놓기 시작했습니다. 그러면서 많은 기적을 체험했습니다.

제대 후에 분당 이매촌에 있는 동신상가에서 개척교회를 시작했습니다. 그때는 비자만 나오면 미국 유학을 가리라 생각했고, 아버지이신 김우영 목사님도 "그냥 상가 월세 나올 정도만 되면 좋겠다"고 하셨기 때문에 월급 받을 생각도 하지 않고 교회를 시작했습니다. 그런데 그때는 부흥의 시대여서 더 그랬던 건지, 스물아홉 살 난 목사가 담임인 교회에 6개월 만에 2백여 명이 모였습니다. 교인이 늘어나니까 소위 교회 중직 장로님, 권사님들이 찾아왔습니다. 그러면서 하시는 이야기가 "목사님, 월급을 안 받으시면 우리가 불편하니까 받으시면 좋겠습니다"라는 것입니다. 그 이야기를 김우영 목사님께 가서 했습니다.

"아버지, 교인들이 불편하다는데 어떻게 할까요?"

사실 그 말은 월급을 받고 싶다는 이야기 아닙니까? 사람 마음이 이렇습니다. 신기하게 아무것도 없을 때는 유혹도 없는데 뭔가가 생기는 것 같으면 마음이 흔들립니다. 당시 저는 아내, 두 아이와 아버지 집에 얹혀살고 있었고, 유학도 계획하고 있었는데 월급 받고 싶은 마음이 왜 없었겠습니까?

그런데 김우영 목사님은 이렇게 이야기하셨습니다.

"김 목사. 약속한 대로 해. 목사는 돈 때문에 아쉬운 소리 하는 거 아니야."

사실 그 자리에서는 속상했지만 말을 못 했습니다. 제 인생에 짧지만 굉장히 어려운 때를 지나고 있었습니다.

시간이 지나 비자가 나왔고, 유학 갈 날이 다가왔습니다. 감사하게도 마지막 날 교인들이 환송회를 준비해 주셨는데, 그 자리에서 생각지 못한 선물을 받았습니다. 교인들이 미국 가서 생활비로 쓰라면서 달러를 봉투에 담아 주었습니다. 금액은 어림잡아 제가 담임으로 일했던 기간 동안의 월급이었습니다. 돈의 액수를 떠나서 교인들의 사랑이 느껴져서 더 감격했습니다. 저는 목회하는 동안 돈 때문에 자존심을 버리지 않을 수 있었습니다. 돈에 의해 움직이지 않아도 됐습니다. 그럼에도 재정이 넘치게 채워졌습니다. 돈을 어떻게 사용하고, 어떤 태도로 살아야 하는지를 깨닫게 해 준 정말 귀한 경험이었습니다.

물론 제가 한 경험이 어떤 기준이 되어야 한다거나, 일을 하고 월급을 받지 않았던 일련의 행동이 옳다 말하는 것이 아닙니다. 다만 우리가 하나님 앞에서 돈을 사용하는 데 있어서 어떤 마음을 가져야 하는지를 고민하는 것은 신앙 성숙에 굉장히 중요한 일이라고 생각합니다. 저는 만나교회가, 그리고 한국 교회가 돈 때문에 주눅들거나 돈에 의해 움직이는 것이 아니라 사명에 의해 움직이는 교회가 되기를 바랍니다. 필요한 때에 필요한 것을 주시는 하나님을 경험하는 성숙한 교회가 되기를 바랍니다.

부자의 기준이 무엇일까요? 저는 돈의 많고 적음이 사람을 풍요하게 만들거나 빈곤하게 만든다고 생각하지 않습니다. 우리 주위에서 남을 돕는 사람을 보면 물론 부자들도 있지만, 그렇지 않은 경우도 흔치 않게 있습니다. 돈에 대해 어떤 가치관을 가지고 있느냐에 따라 돈을 사용하는 방법이 달라지기 때문입니다. 진짜 부자란 돈이 많은 사람이 아니라 남을 도울 수 있는 사람입니다.

이것 역시 교회에 똑같이 적용되어야 합니다. 선교에 대한 비전을 먼저 세우고 재정을 투자할 때 선교하는 교회가 됩니다. 성장했기 때문에 선교하는 교회가 되는 것이 아닙니다. 선교에 대한 비전이 없는 교회는 성장해도 늘 자신의 우선순위에 따라 살아갑니다.

목적에 의해 움직이는 교회는 재정에 대하여 걱정하지 않습니다. 우리가 하나님의 일을 못 하는 것은 분명한 사역의 비전을 제시하지 못했기 때문이지 돈이 없어서가 아니기 때문입니다. 오늘 우리 교회에 필요한 것은 돈도 아니요, 좀 더 나은 프로그램도 아닙니다. 지금까지 지켜온 전통을 지키는 것도 아닙니다. 하나님이 원하시는 목적을 분명히 하는 것입니다. 그럴 때 하나님은 교회를 통해 선한 목적을 이루실 것입니다.

마태복음 11장 28-30절

28 수고하고 무거운 짐 진 자들아 다 내게로 오라 내가 너희를 쉬게 하리라

29 나는 마음이 온유하고 겸손하니 나의 멍에를 메고 내게 배우라 그리하면 너희 마음이 쉼을 얻으리니

30 이는 내 멍에는 쉽고 내 짐은 가벼움이라 하시니라

마태복음 28장 19-20절

19 그러므로 너희는 가서 모든 민족을 제자로 삼아 아버지와 아들과 성령의 이름으로 세례를 베풀고

20 내가 너희에게 분부한 모든 것을 가르쳐 지키게 하라 볼지어다 내가 세상 끝날까지 너희와 항상 함께 있으리라 하시니라

엘리자베스 엘리엇(Elisabeth Elliot)의 《전능자의 그늘》이라는 책이 있습니다. 순교자 짐 엘리엇의 전기입니다. 이 책에 짐 엘리엇이 선교사로 나가기 전 학생 시절에 썼던 일기를 소개합니다.

"아버지, 저로 분기점 같은 사람이 되게 하소서. 제가 접하는 사람들을 결단의 기로로 이끄소서. 저는 직선도로의 표지판이 되고 싶지 않습니다. 저를 갈림길로 삼아 주소서. 그리하여 사람들이 제 안에 계신 그리스도를 보고 어느 쪽으로든 하나를 택해야만 하게 하소서."

누군가 '나도 저 교회에 가서 저렇게 예배 드리고 싶다'고 결단할 수 있게 하는 교회 공동체의 예배가 진짜 예배가 아닐까요? 누군가 나를 보며 '와, 저 사람이 믿는 하나님을 나도 믿고 싶다'고 느끼며 삶의 분기점 삼는다면, 그것이 진짜 예배자의 삶이 아닐까요?

우리는 어떤 예배를 드리고 있습니까? 어떤 예배가 진정한 예배일까요? 예배에 있어 방향성이라는 말이 참 중요합니다. 벨기에의 수도 브뤼셀로 가는 기차 안에서 한 승무원이 승객들의 표를 하나씩 점검하는데 이상함을 감지했습니다. 그 칸에 탑승

한 승객 전원이 반대 방향으로 가는 차를 탄 것입니다. 이쯤 되면 승무원이 '아차, 내가 잘못 탔구나!' 하고 생각할 법한데, 그는 그러지 않았습니다. 끝까지 자신을 제외한 모든 승객이 잘못됐다고 결론을 내리고, "여러분, 큰일 났습니다. 이곳에 계신 전원이 차를 잘못 탔습니다. 다음 역에서 내려 반대편 차로 바꿔 타세요"라고 이야기했답니다. 사람은 생각이 한번 고정되면 잘 바꾸지 못하는 것 같습니다. 그 사람이 승무원이었으니 망정이지, 만약 기관사였다면 완전히 반대로 운전했을지도 모릅니다.

예배에도 올바른 방향성이 있어야 합니다. 방향성은 그 공동체가 가진 생각에 따라 정해집니다. 만나교회를 처음 시작할 때 예배당에는 두 개의 성구가 걸려 있었습니다. 하나는 마태복음 11장 28절의 "오라 내가 너희를 쉬게 하리라"이고, 또 하나는 마태복음 28장 20절에 근거한 "가라 내가 너희와 함께하리라"입니다. 이 두 성구는 만나교회의 예배의 방향성이면서 동시에 중요한 목회 철학과 연결되는데, '오라' 그리고 '가라'는 것입니다. '오라'는 말은, 먼저 예배하는 공동체가 되어야 한다는 하나님의 초청입니다. 우선성(Priority)에 대한 부분으로, 교회에서는 예배가 제일 중요하다는 말입니다. 따라서 우리는 모든 일을 예배로 시작해야 합니다. 아울러 '가라'라는 말은, 선교적 사명을 가지고 세상으로 가라는 말씀입니다. 사명을 감당하라는 것입니다. 우리가 예배를 드리는 이유는 사명을 감당하기 위한 '가는 공동체'가 되기 위해서지요. 예배를 드리는 것만으로 신앙인의 본분을 다했다고 생각하면 안 됩니다. '예배 이후에 어떤 삶으로 나아가 야 하는가?'까지 가야 합니다.

지금 여러분의 교회는 어떤 예배 공동체로 모였나요? 여기에 대한 답을 갖고 있어야 합니다.

어떤 예배를 드리고 있는가

저는 예배에 관한 설교를 종종 하는데, 그때마다 늘 인용하는 성경 구절이 있습니다.

> 23 아버지께 참되게 예배하는 자들은 영과 진리로 예배할 때가 오나니 곧 이 때라 아버지께서는 자기에게 이렇게 예배하는 자 들을 찾으시느니라 24 하나님은 영이시니 예배하는 자가 영과 진리로 예배할지니라(요 4:23-24).

이것은 신약성경에서 예수님이 직접 예배에 관해 말씀하신 유일한 구절입니다. 그러니 제일 중요한 말씀이겠지요. 예수님 이 사마리아로 지나가실 때 우물가에서 물을 긷던 여인에게 다 가가 물 한잔을 요청하십니다. 그때 여인이 예수님과 이런저런 이야기를 나누다가 그분의 신령함을 눈치채고 묻습니다.

"우리가 어디에서 예배해야 할까요?"

여인이 물어본 것은 장소입니다. 그런데 예수님은 이렇게 말씀하십니다.

"너희가 하나님께 예배 드릴 때는 장소가 중요한 것이 아니다. 하나님은 영이시니 너희가 신령과 진정으로 예배를 드려야 한단다."

건물은 예배의 본질이 아니라는 말입니다. 과연 오늘 우리가 영이신 하나님께 신령과 진정으로 예배를 드립니까? 교회 중심적인, 건물 중심적인 틀에 갇혀서 예배를 드리고 있지는 않습니까? 하나님이 기뻐하시는 영적 차원의 예배란 무엇일까요?

어떤 교회는 영적인 차원의 예배를 드리지만, 또 어떤 교회는 교회 중심적, 건물 중심적인 틀에 갇혀 예배를 드리기도 합니다. 만약에 '이 건물을 이탈하면 당신은 예배를 드리지 않는 것입니다'라고 말한다면 어떨까요? 목회자인 저도 가끔 성지순례나 외국 집회로 만나교회 강단에 서지 않을 때가 있습니다. 어쩌면 그런 말은 굉장히 교회 중심적, 목회자 중심적인 생각일 수 있습니다. 그러면 우리는 왜 그런 이야기를 할까요? 만나교회는 10시 예배에 사람이 가장 많이 와서 앉을 자리가 비좁아질 정도입니다. 늦으면 예배당 밖 복도에 자리를 깔고 앉기도 합니다. 그런 모습을 보는 사람의 마음이 어떨까요? 이왕이면 예배당이 꽉 차는 편이 좋지 않을까요? 그런데 사람이 '좋다'고 느끼는 감정과 하나님이 '기쁘다'라고 느끼시는 감정이 일치하지 않을 수 있다는 것입니다. 우리는 굉장히 교회 중심적인 틀에 갇혀서, 장소적 개념으로만 예배를 생각할 때가 있습니다. 그러나 예수님이 말씀하신 신령과 진정은 이것을 뛰어넘는 일입니다.

제가 요즘 교인들에게 "본 교회에서 예배는 토요일에 드리고, 주일엔 도움이 필요한 지역교회에 가서 일손을 보태고 봉사도 좀 하십시오"라고 말하니까 어떤 분은 그럽니다.

'아, 그렇구나. 그럼 교회에 매 주일 나올 필요가 없겠다. 집에서 영상을 보며 예배를 드려도 되겠다.'

그런데 우리가 중요하게 생각할 것은, 거기에 신령과 진정이 있느냐는 것입니다. 영이신 하나님을 예배하는 마음이 우리에게 있느냐는 것입니다.

수원중앙침례교회를 담임하고 계신 고명진 목사님이 설교 중에 이런 이야기를 했습니다.

"우리가 흔히 예수 믿는 사람과 믿지 않는 사람으로 분류합니다. 그런데 이 분류는 잘못되었습니다. 예수 믿는 사람과 예수 믿을 사람으로 분류하는 게 옳을 것 같습니다."

제가 만나교회를 목회하면서 정말 힘썼던 것이 있습니다. 예수 믿는 우리가 이곳에서 예배를 드리고 있지만, 아직 이곳에서 예배 드리지 않는 사람들을 위해 무엇을, 어떻게 준비할 것인가? 그것이 만나교회 예배 사역에서 굉장히 중요한 부분을 차지했습니다.

예수 믿지 않는 사람들을 예배 공동체로 인도하기 위해서는 우리가 두 가지를 생각해야 할 필요가 있습니다. 하나는 그들의 영혼을 사랑하는 마음이 있어야 합니다. 또 다른 하나는 그들이 이 교회와 예배의 자리에 적응할 수 있도록 도와야 합니다. 그러기 위해서는 예배 준비를 철저히 해야겠지요. 때로는 예배의 형식을 바꿀 필요도 있습니다. 어떤 사람들은 우리에게 묻습니다.

"만나교회는 왜 이런 예배를 드리나요?"

'이런 예배'라고 하는 말에 우리가 예배를 통해 추구하는 목적이 있습니다. 아직 교회에, 신앙에 익숙하지 않은 사람도 예배드릴 수 있도록 준비하는 것입니다. 믿는 우리만의 만족을 추구하는 예배가 아닙니다. 어떻게 해야 하나님이 기뻐하실까를 고민하는 것입니다. 이것이 신령과 진정으로 드리는 예배가 아닐까요?

하나님이 받으시는 예배인가

예배에 있어서 중요한 모범을 보여 주는 것 중 하나가 창세기 4장에 나옵니다. 바로 가인과 아벨의 예배입니다. 가인과 아벨이 하나님께 처음으로 제사를 드렸는데 하나님이 아벨의 제물은 받으시고 가인의 제물은 받지 않으셨지요. 성경 어디에도 '내가 두 예배 중 하나만 받겠다' 하신 구절이 없습니다. 그런데 하나님은 왜 아벨의 제물만 받으셨을까요? 성경은 이렇게 기록합니다.

아벨은 자기도 양의 첫 새끼와 그 기름으로 드렸더니…(창 4:4).

유일한 단서를 하나 찾는다면, 아벨은 하나님께 양의 첫 새끼를 구별하여 드렸다는 것입니다. 우리가 신령과 진정으로 예배를 드리는 데 있어서 제일 중요한 게 바로 '구별하여 드리는가?'입니다.

만나교회는 코로나 이전에 빠르게 부흥하는 역사를 경험했습니다. 대부분 교회가 이렇게 부흥하면 어떤 생각을 할까요? 예배 횟수를 늘립니다. 아니면 예배당을 크고 넓게 새로 지어야 한다고 생각합니다. 그래서 언제부터인가 한국 교회들이 성도가 많아지면 건축을 합니다. 때로는 빚을 지기도 합니다. 왜 우리는 예배를 드리면서 자꾸 공간 개념만을 생각할까요? 우리가 너무 많은 헌금을 건물에 투자하고 있는 것은 아닐까요?

큰 건물을 짓는 교회가 잘못되었다는 말이 아닙니다. 큰 교회는 그 나름대로의 사명이 있습니다. 다만 저는 만나교회를 목회하며 건물을 또 지어야 한다고 생각하니 선뜻 일을 추진할 수 없었습니다. 더 많은 헌금과 사람을 수용하기 위해 예배를 늘려야 한다고 생각하니 과연 이것이 신령과 진정으로, 기쁨으로 예배드리는 것이 맞는가라는 생각이 들었습니다. 그래서 장로님들이 모두 모인 자리에서 이런 이야기를 했습니다.

"우리가 예배 드리는 목적이 무엇입니까? 얼마나 많은 사람이 모이는가입니까? 그게 아니라 우리가 얼마나 신령과 진정으로 예배를 드리고 있는가가 되어야 하지 않겠습니까?"

만나교회는 코로나 기간 동안 예배 횟수를 줄였습니다. 그 무렵 저는 주일예배 설교를 두 번 또는 세 번만 했는데, 그러고 나니 기쁨이 넘쳤습니다. 그러다가 다시 예배 횟수가 늘고 체력을 다해 힘들어지기 시작하니까 예배가 더 이상 기쁨이 되지 않았습니다. 그러면서 예배의 목적이 어디에 있는가를 생각해 보게 되었습니다. 그렇게 토요예배를 시작했습니다. 그러면서 저는 "하나님, 우리 교회와 교인들의 헌금이 건물이나 건축에 쓰이는 것이 아니라 사명을 감당하는 데 잘 흘러갈 수 있으면 좋겠습니다"라고 기도했습니다.

막상 토요예배를 시작하고 보니 좋은 게 많았습니다. 먼저 큰 교회 건물을 알차게 사용할 수 있었습니다. 신앙의 연조가 조금 더 깊은 사람들이 그렇지 못한 사람을 위해 시간을 구별하여 토요일에 예배의 자리로 나왔습니다. 그들은 주일이 되면 하나님이 기뻐하시는 일을 위해 헌신할 수 있었습니다. 우리는 얼마든지 이 교회라는 공간 안에서 공간적인 예배가 아니라 신령과 진정으로 하나님을 예배할 수 있었습니다.

우리가 형식적, 전통적인 생각을 가지고 있으면 교회 중심, 건물 중심의 예배를 드립니다. 그러나 하나님이 기뻐하시는 일이 무엇일까를 생각하면 교회는 새로운 지경을 많이 열어 갈 수 있겠다는 생각이 들었습니다. 교회가 추구해야 하는 중요한 예배의 원칙은 '어떻게 신령과 진정으로 하나님을 예배할 것인가'

'어떻게 예배 드리는 것이 하나님이 기뻐하실까'입니다.

시편에 보면 예배의 가장 중요한 요소를 이야기합니다. 바로 찬양과 감사입니다. 결국 찬양이 감사지요. 시편에는 이 두 단어가 112번이나 등장합니다.

감사함으로 그의 문에 들어가며 찬송함으로 그의 궁정에 들어 가서 그에게 감사하며 그의 이름을 송축할지어다(시 100:4).

제게는 꿈이 있는데요, "하나님, 만나교회 예배 공동체가 예배할 때 진정으로 감사하고 하나님을 찬양하는 일들이 일어났으면 좋겠습니다"라고 기도합니다. 상상해 보세요. 우리가 하나님께 "감사합니다!"라고 말할 때 머리를 푹 숙이고 합니까? 아닙니다. 두 손과 얼굴을 하늘을 향해 들고 합니다. 그러면 우리의 굽었던 어깨와 목이 곧게 펴집니다. 어떤 목사님이 하는 말이, 우리가 예배 드릴 때 하는 올바른 자세야말로 가장 건강한 자세라고 합니다. 정말 그렇습니다. 우리가 진정으로 감사와 찬양을 드리며 하나님 앞으로 나아갈 때, 우리 몸의 자세와 얼굴 표정이 얼마나 밝은지 모릅니다. 단에 서서 보면 그 기쁨이 다 느껴집니다. '와, 우리 성도들이 지금 하나님을 예배하고 있구나'하는 것이 다 느껴져 도리어 제가 은혜를 받습니다. 우리가 신령과 진정으로 감사와 찬양을 선포하는 예배를 드리는 것. 이게 진정한 예배 공동체의 모습이 아닐까요? 우리가 그렇게 예배를 드릴 때 여기에서 함께 예배 드리는 공동체뿐 아니라, 아직은 아니지만 곧 예수님을 믿을 사람들이 찾아왔을 때 감동받지 않겠습니까?

새신자가 계속해서 교회에 나올까 말까를 결정하는 첫 번째 요인이 무엇인지 아십니까? 대개 사람들은 '은혜로운 설교와 찬양'을 많이 이야기합니다. 그런데 처음 교회에 나온 사람들에게는 그런 게 별로 중요하지 않다고 합니다. 어차피 설교 들어도 이해하기 어렵고 성경 이야기도 아예 모르기 때문입니다. 다만 그들은 옆 사람의 표정을 보면서 교회에 계속 나올지 말지를 결정한다고 합니다. 예배 시간에 성도의 반이 내리 와서 졸고 있으면 '아, 여기에도 별 게 없구나'라고 생각한다는 것이지요. 그런데 옆 사람이 눈물을 흘리면서 기도하고, 누구보다 환하게 웃으면서 찬양을 드리고 있으면 '여기에 뭔가가 있는 것 같다'고 생각한답니다. 즉 예배자의 자세가 새신자의 신앙을 결정짓는다는 것입니다.

예배는 내 만족이 아니다

만나교회에서는 "우리는 예배에 목숨을 겁니다"라는 말을 종종 합니다. 얼마나 열심히 예배를 준비하는지 모릅니다. 콘티를 초 단위까지 세세하게 짜서 예배를 드립니다. 저는 이런 예배 콘티를 25년 전 청년사역을 시작할 때 처음 도입했습니다. 지금이야 한국 교회에도 열린 예배가 보편화 되어 있고, 예배 콘티라는 말도 익숙하지만, 25년 전만 해도 낯선 표현들이었습니다. 1999년에 《열린 예배? 현대예배》라는 책에 소개했는데, 많은 비난을 받았습니다. "만나교회 예배는 쇼입니까? 콘티가 뭡니까? 성령의 인도하심을 따라야지"라는 것이었지요. 그런 분들에게 제가 늘 이렇게 이야기했습니다.

"한번 철저하게 준비해 보십시오. 그러면 성령님이 어떻게 인도하시는지를 경험할 수 있습니다."

내가 철저하게 준비했는데, 때로는 그 계획대로 진행이 안 됩니다. 그러면 깨닫습니다. '아, 하나님은 내 준비대로 일하시는 분이 아니구나!' 혹은 철저한 준비 가운데 역사하시는 하나님을 경험하기도 합니다. 그런데 최선을 다해 준비하지 않으면 성령님이 우리의 최선을 쓰시는지 안 쓰시는지 경험할 기회조차 없습니다.

아울러서 우리가 예배를 철저히 준비하는 이유는 아직 교회에 오지 못한 사람들, 곧 예배할 사람을 위해서기도 합니다. 제가 청년사역을 처음 할 무렵, 찬양팀 자매 한 명이 머리를 노랗게 염색했습니다. 성도들 사이에서 어떻게 찬양팀 청년이 머리색을 저렇게 할 수 있느냐고 말이 많이 나왔습니다. 제가 설교하면서 그런 이야기를 했습니다.

"여러분, 참 나쁜 거 아시죠? 청년들한테 '하나님이 주신 대로 살아야지 왜 자꾸 염색하냐?' 하면서 왜 여러분은 흰머리를 검게 염색합니까? 흰머리는 하나님이 주신 대로가 아닙니까? 흰 머리를 검게 물들이는 것은 되고 검은 머리를 노랗게 물들이는 것은 왜 안 됩니까?"

이것은 진리가 아닙니다. 내 관념에 대한 부분입니다. 그래서 교회가 전통적, 형식적이 되면 새롭게 교회에 들어오는 사람들을 받아 주지 못합니다. 준비가 안 되어 있는 것입니다. 큰 교회들을 다녀 보면 예배당 문 앞에 '정숙'이라는 단어를 써 놓은 곳이 많습니다. 어떤 곳은 어린아이를 데리고 오는 부모는 들어오지 못하게 막습니다. 물론 조용한 예배 시간에 어린 아이가 '빼액' 하고 울거나 떼를 쓰면 설교하는 목사나 듣는 교인들에게 방해가 되겠지요. 그런데 이렇게 생각해 볼 수 있지 않을까요? 그 아이를 낳고 키우는 동안 부모에게는 얼마나 예배를 향한 갈급한 마음이 있겠습니까? 내가 예배 시간에 조금 소란스러운 불편을 참을 수 있다면, 그 갈급함으로 들어오는 영혼에 단비와 같은 생수를 부어 줄 수 있는데, 그걸 참지 못해서 우리가 한 영혼에게 상처를 준 것은 아닐까요?

신령과 진정으로 예배를 드린다는 것은 내 만족이 채워지는 것을 의미하지 않습니다. 조금 더 성숙한 우리가 하나님이 기뻐하시는 예배로 바꾸어 가는 것입니다. 그러려면 형식과 전통 중심으로는 안 됩니다.

가나안에서 더욱 치열하라

신령과 진정으로 예배하는 공동체에서는 어떤 일이 일어날까요? 만나교회에는 '사명 선언문(Mission Statement)'이 있습니다.

"하나님의 임재를 경험한 예배자들이, 예수님의 말씀으로 훈련된 제자가 되어, 성령님의 능력으로 지역과 세상을 섬긴다."

예배자의 가장 큰 특징은 부르심에 순종하며 사는 것입니다. 다시 말해 예배는 부르신 삶의 자리에서 순종하는 것입니다. 그럴 때 우리는 진정 섬김의 길로 갈 수 있습니다. 이것이 교회 사역의 바른 방향성입니다. 예배는 주일 오전 10시에 예배당에 모여서 드리는 것이 아닙니다. 예배는 삶으로 증명됩니다.

그런데 말씀대로 사는 삶, 순종하는 삶이 쉽지 않습니다. 왜일까요? 우리가 예배를 드리면서 '저 목사 말도 참 잘한다. 내가 말씀대로 사나 두고봐라' 하는 사람이 있을까요? 대부분 '그래, 오늘부터는 말씀대로 살아야지' 다짐하며 예배당을 나가지 않을까요? 그런데도 우리가 순종하는 삶을 못 사는 데에는 이유가 있습니다. 우리가 순종할 때 인생이 바라는 대로 흘러가면 얼마나 좋겠습니까? 그러나 사는 게 호락호락하지 않아 문제입니다.

³⁶ 또 어떤 이들은 조롱과 채찍질뿐 아니라 결박과 옥에 갇히는 시련도 받았으며 ³⁷ 돌로 치는 것과 톱으로 켜는 것과 시험과 칼로 죽임을 당하고 양과 염소의 가죽을 입고 유리하여 궁핍과 환난과 학대를 받았으니 ³⁸ (이런 사람은 세상이 감당하지 못하느니라) 그들이 광야와 산과 동굴과 토굴에 유리하였느니라 (히 11:36-38).

성경을 봐도 모든 믿음의 사람이 축복받으며 잘살지 못했습니다. 잘살았던 사람이 있는가 하면, 믿음으로 살아간 것 때문에 고난당한 사람도 많습니다. 그런데 성경은 이 둘을 다 믿음으로 살았다고 말씀합니다. 즉 이 땅에서 우리가 예배자로 살아갈 수 있는 것은 원하는 결과를 얻었기 때문이 아닙니다. 예배자에게는 말씀대로의 삶, 진리를 따르는 삶 자체가 중요한 것입니다. 그것이 우리가 예배자로 살아가는 의미가 되어야 합니다.

이진희 목사님이 《가나안에 거하다》라는 책에서 큰 통찰을 주는 이야기를 합니다.

"어렵게 순종했는데 결과가 좋지 않다면 괜히 순종한 것일까? 결과가 좋아야 성공한 것이고 순종한 보람이 있는 것일까? 결과가 좋지 않으면 실패한 것일까? 순종에는 실패가 없다. 성공하기 위해 순종하는 것이 아니라 결과와 상관없이 순종하는 것이다. 순종하는 사람은 이미 승리한 사람이다."

이스라엘 백성들이 40년 동안 광야를 지나서 가나안 땅으로 갑니다. 가나안을 '약속의 땅'이라고 부르지요. 이스라엘 사람들이 이 가나안 땅을 생각하면서 무엇을 꿈꿨겠습니까? '약속의 땅, 그곳은 젖과 꿀이 흐르는 땅이다'라고 생각하지 않았을까요? 그런데 그 땅으로 가는 여정을 담은 출애굽기, 레위기, 민수기, 신명기를 유심히 보면, 그 약속의 땅에 들어가서 이스라엘 백성들이 어떻게 살아야 하는지를 가르치는 내용이 대부분입니다. '너희가 가나안 땅에 들어갈 텐데, 그곳은 너희가 원하는 모든 것을 얻을 수 있는 땅이 아니다. 그 약속의 땅에 들어가서 약속하신 백성으로서 살아가는 법을 알아야 한다'는 것입니다.

이진희 목사님은 우리가 예배를 마치고 삶의 자리로 나아가는 것이 광야의 생활을 마치고 가나안 땅으로 나가는 것과 같다고 말합니다. 이스라엘 백성에게 가나안 땅이 하나님이 주신 '약속의 땅'이었던 것처럼, 우리의 삶의 자리가 하나님이 약속하신 땅이라는 것입니다. 그곳은 우리가 원하는 곳일 수도, 아닐 수도 있습니다. 누군가에게는 인생의 광야와 같은 땅일 수도 있습니다. 사람 때문에 힘들고, 경제적으로 위협받는 척박한 땅일 수도 있습니다. 그런데 성경은 하나님이 부르셨다면 그곳이 메마른 땅이든, 젖과 꿀이 흐르는 땅이든 거기서 우리가 어떻게 살아가느냐가 중요하다고 이야기합니다. 그것이 예배자의 삶입니다.

이스라엘 백성이 광야를 지나는 40년 동안은 하나님께 예배하는 게 그렇게 어렵지 않았습니다. 광야는 하나님 도우심 없이는 갈 수 없는 길이기 때문입니다. 그래서 힘들고 어려운 일을 만날 때마다 그들은 하나님을 예배했습니다. 가는 곳마다 성막을 세우고 하나님을 찬양했습니다. 그런데 가나안에 들어갔더니 농사를 짓고 있었습니다. 더 이상 하나님이 내려 주시는 만나와 메추라기가 필요가 없었습니다. 법궤를 메고 하나님의 장막을 따라다니지 않아도 됐습니다. 거기서는 눈에 보이지 않는 하나님의 도움을 구하지 않고 당장 눈에 보이는 풍요의 신, 비를 내리는 신인 바알을 숭배했습니다. 바알을 섬겨야 그곳 사람들과 어우러져 살 수 있었습니다. 결국 이스라엘 백성들이 하나님을 버리고 우상을 섬깁니다.

우리 삶도 그렇습니다. 오늘 예배를 드리고 '은혜를 받았어'라고 생각하며 감동에 젖어 세상으로 갔는데, 거기는 예배 드리기 좋은 환경이 아닙니다. 돈에, 권력에 힘이 있습니다. 온갖 유혹이 넘칩니다. 우리가 이런 세상과 같은 관점과 가치를 가지고 세상의 축복 누리는 것을 추구하며 산다면 어떻게 예배자로 살 수 있겠습니까? 그래서 하나님은 오늘 우리에게 순종을 요구하십니다. 광야를 건너는 이스라엘 백성에게 그러셨던 것처럼, 가나안 땅, 약속의 땅에서 하나님의 백성으로 살아가는 방법을 가르쳐 주십니다. 예배자의 삶을 살라고 명령하십니다.

그러니 치열하게 살아가세요. 가나안 한가운데서 유혹에 넘어가지 않도록 순종의 삶을 위해 치열하게 싸우세요. 그리고 우리가 십자가 앞에 나아갔을 때 '하나님 제가 세상에서 흔들리지 않고, 넘어지지 않고 순종하며 살다가 왔습니다'라고 기도합시다. 그럴 때 우리 예배에 눈물이 있고 감사가 있고 감격이 있지 않겠습니까? 우리가 약속의 땅에서 치열하게 말씀을 의지하며 살다가 예배당에 들어오는 순간 우리 가슴이 뭉클해지기를, '제가 예배자로 살다가 왔습니다!'라고 고백할 수 있기를 바랍니다.

사도행전 2장 42-47절

42 그들이 사도의 가르침을 받아 서로 교제하고 떡을 떼며 오로
지 기도하기를 힘쓰니라

43 사람마다 두려워하는데 사도들로 말미암아 기사와 표적이 많
이 나타나니

44 믿는 사람이 다 함께 있어 모든 물건을 서로 통용하고

45 또 재산과 소유를 팔아 각 사람의 필요를 따라 나눠 주며

46 날마다 마음을 같이하여 성전에 모이기를 힘쓰고 집에서 떡을
떼며 기쁨과 순전한 마음으로 음식을 먹고

47 하나님을 찬미하며 또 온 백성에게 칭송을 받으니 주께서 구
원받는 사람을 날마다 더하게 하시니라

7. 성령의 역사가 환경을 이깁니다

만나교회에서 사역하는 김영선 목사님의 학창 시절 이야기를 들은 적이 있습니다. 김 목사님은 어릴 때 아버지에 대한 부끄러움이 있었다고 합니다. 아버지는 트럭을 타고 다니며 배관 공사를 하는 분이었는데, 간혹 온 식구가 그 트럭을 타고 교회에 가게 되면 그게 그렇게 창피하고 싫었답니다. 그런데 어느 날, 김 목사님이 아버지의 손을 보고는 깜짝 놀랐습니다. 아버지의 손에는 온통 상처투성이에 굳은살이 박여 있었습니다. 아버지가 뜨거운 냄비를 맨손으로 잡은 적이 있는데, 뜨거움을 잘 못 느끼시더랍니다. 그게 신기했는데, 알고 보니 굳은살 때문이었습니다. 그날 김 목사님은 많이 울었다고 합니다. 아버지는 내가 창피해야 할 존재가 아니라 감사해야 할 존재라는 사실을 깨달았답니다.

이 이야기를 들으면서 인생의 환경에 대해서 생각해 보게 됐습니다. 환경이란 결국 우리가 살면서 하게 되는 경험의 일부가 아닐까요? 그런데도 우리는 환경 핑계를 참 많이 대면서 살아가는 것 같습니다. 때로는 내가 처한 상황이 너무 절망적으로 보이기도 하고, 다른 사람의 가진 것이 더 빛나 보이기도 합니다. 그러나 어떤 사람은 이 환경에 함몰되어 자기를 방치하지만, 어떤 사람은 환경을 이기고 살아갑니다. 벤저민 하디(Benjamin

Hardy)는 《최고의 변화는 어디서 시작되는가》라는 책에서 "바보들은 항상 노력하지만, 똑똑한 사람들은 환경을 바꾼다"라고 말합니다. 중요한 것은 우리가 주어진 환경을 어떻게 바라보느냐 하는 것입니다.

환경을 이긴 자들에게 나타나는 기적

오순절 마가의 다락방 사건이 있기 전, 초대교회 예루살렘 공동체는 다소 무기력한 사람들의 모임이었을 것입니다. 그도 그럴 것이 그들은 예수님이 십자가에 달리시기 전 그분과 함께 다니며 많은 기적을 체험했습니다. 얼마나 놀라웠겠습니까? 또 동시에 얼마나 든든했겠습니까? 예수님과 함께라면 무슨 일이든 못할 것이 없겠다고 생각했을 것입니다. 그런데 그 예수님이 홀연히 떠나셨습니다. "성령을 기다려라"라는 약속 하나만 남기시고 가셨습니다.

의견이 분분했을 것입니다. 이게 뭐냐고, 그동안 헛수고를 했다고 불평하는 사람도 있었을 것입니다. 개중에는 약속을 의지하고 기다린 사람도 있었을 것입니다. 실제로 성경은 예수님이 승천하실 때 모인 무리가 5백여 명이었는데 사도행전 1장 15절에 보면 이후 유월절 마가의 다락방에 모인 수는 약 120명이었다고 기록합니다(행 1:15). 즉 예수님과 기적을 체험하며 약속의 말씀을 귀로 들은 사람이 5백여 명이나 되는데, 끝까지 남아 성령을 체험한 사람은 약 120명밖에 안 되었다는 말입니다. 사라진 사람이 약 380명입니다. 그런데 성경은 이것을 어떻게 기록합니까? '모인 무리의 수가 120명밖에 안 됐다'고 되어 있나요? 그렇지 않지요. "백이십 명이나 되더라"라고 기록합니다.

왜 사도행전의 기자는 이렇게 기록한 것일까요? 아마도 당시 예루살렘 공동체는 예수님의 약속을 기다리며 성령을 받기 위해 기도하기에는 환경이 좋지 않았을 것입니다. 너무 많은 핍박이 있었던 것이지요. 그러니 사도행전 기자가 볼 때 380명의 사람이 환경에 무너지고 떠나간 것이 이상하게 느껴지지 않았던 것 같습니다. 오히려 환경을 이기고 예수님의 약속을 의지하며 기다려 온 사람이 120명이나 되었다는 사실에 놀라워했습니다.

환경에 넘어집니까, 아니면 환경을 이깁니까? 어떤 이들에게 환경은 걸림돌이 되기도 하고, 디딤돌이 되기도 합니다. 참 신기하지요. 똑같은 환경인데 그 환경을 어떻게 바라보느냐에 따라 결과는 천지차이가 됩니다. 기독교 신앙을 가리켜 '약속의 종교'라고 말합니다. 하나님은 불가능한 현실을 보여 주시면서 우리에게 덮어놓고 믿으라고 강요하지 않으십니다. 먼저 약속해 주십니다. 그리고 "너희는 이 약속을 믿어라"라고 말씀하십니다. 약속은 환경보다 더 무게가 있습니다. 하나님의 약속을 믿을 때 우리는 환경에 넘어지지 않을 수 있습니다.

사람마다 두려워하는데 사도들로 말미암아 기사와 표적이 많이 나타나니(행 2:43).

약속을 의지하고 기다렸던 120여 명의 문도가 성령을 받았을 때 놀라운 일이 일어납니다. 사람들이 두려워하는 기사와 표적이 나타난 것입니다. 약속을 의지하여 모였던 사람들에게서 하나님의 역사가 시작되었습니다. 좋은 환경에서 잘하는 것은 누구나 합니다. 그러나 모든 환경이 우리를 위하여 우호적으로 준비되어 있지는 않습니다. 위대함과 탁월함이란 열정과 사명을 가지고 환경을 극복한 사람들에게서 나타납니다.

목회자들이 함께한 설교 세미나에서 어느 목사님이 한 이야기가 기억에 남습니다.

"요즘 목회자가, 교회가 패배 의식에 빠져 있습니다. 이 상태라면 조만간 이 땅 위에 청년 세대가 사라질 것입니다. 지금 우리나라 청년의 5퍼센트만이 신앙생활을 합니다. 코로나 이후 한국 교회가 정말 큰 위기에 빠졌습니다. 그러나 2천 년 교회 역사를 보십시오. 그리스도인들이 복음을 전할 때 세상은 한 번도 우호적인 때가 없었습니다. 그런데 놀랍게도 복음을 거부하는 이들에게 복음이 전해졌을 때, 하나님 믿는 사람이 한 명도 없는 곳에 복음이 전해졌을 때 복음은 놀라운 능력을 나타내기 시작했습니다."

지금처럼 기독교가 사람들 사이에서 왜곡되고 비난받는 때가 있었을까요? 얼마 전 "나는 신이다"라는 다큐멘터리가 넷플릭스를 통해 공개되었고, 그에 따르는 사회적 파장이 굉장했습니다. 저 역시 그 다큐멘터리를 보면서 어떻게 이런 일들이 일어날 수 있는지, 상식적으로 생각할 수 없는 이단들의 모습에 너무나 놀랐습니다. 문제는 사람들이 그런 이단과 기독교를, 교회를 동일시하여 바라본다는 것입니다. 이런 가운데서 우리가 교회의 본모습을 보여 주어야 하지 않을까요?

설교 세미나에서 들었던 그 목사님의 이야기처럼, 우리가 복음을 전하기 좋은 환경은 없습니다. 저는 그래서 지금이야말로 반드시 복음을 전해야 하는 때가 아닌가 하는 생각이 듭니다. 본질이 아닌 것들이 기독교를 뒤덮고 있는 지금, 진짜가 아닌 것들이 진짜인 것처럼 판을 치는 지금, 교회를 오해하고 손가락질하는 지금이야말로 이 교회는 무엇이고, 우리의 신앙은 무엇이고, 진짜 예수를 믿는다고 하는 것은 무엇인지를 분명히 말할 수 있는 호기가 아닐까요?

그러려면 우리가 먼저 회복해야 할 것이 있습니다. 교회가 갖고 있는 패배의식으로부터 벗어나야 한다는 것입니다. 신앙에 대한 자부심을 가져야 한다는 것입니다. 신앙생활을 열심히 하려고 하는 청년들에게 힘을 실어 주고, 그들에게 복음이 무엇인지, 기독교가 무엇인지를 먼저 가슴에 심어 주어야 합니다.

하나님은 늘 위기 가운데서 기회를 만드셨던 분입니다. 2천 년 교회 역사가 증명하고 있습니다. 지금이 우리가 복음을 전할 최고의 기회입니다. 우리가 새로운 꿈을 꿔야 하는 이유입니다.

어디로 이끄시는가

사도행전 7장에 스데반의 순교 이야기가 나옵니다. 스데반이 순교를 당한 이유는 딱 하나입니다. 예수님을 믿었다는 이유지요. 그런 이유로 스데반은 돌에 맞아 죽습니다. 그런데 성경은 어떻게 기록하나요? 스데반이 죽기 전 성령 충만하여 하늘 문이 열리는 것을 보았다고 기록합니다(행 7:55-56). 그리고 스데반은 "주여 이 죄를 그들에게 돌리지 마옵소서"(행 7:60)라고 말하고 숨을 거둡니다.

우리가 만일 그 현장에 있었다고 생각해 봅시다. 당시는 성령님을 속였던 아나니아와 삽비라가 그 자리에서 죽을 정도로 성령의 역사가 무척 강하게 일어나던 때였습니다. 그러니 사람들이 스데반에게 돌을 던질 때 예수 믿는 사람들은 어떤 생각을 했을까요?

'스데반은 절대 죽지 않아. 성령님이 어떻게든 지켜 주실 거야. 기적이 일어날 거야. 하나님이 저 돌들을 다 빗겨가게 하실 거야.'

성령의 역사가 그렇게 강하게 일어나던 때에, 스데반 같은 사람이 죽는다는 사실이 더 이상하게 여겨졌을 것입니다. 그런데 스데반이 거기서 죽습니다. 사람들은 혼란스러웠을 것입니다. '성령님이 지켜 주셔도 아무 소용이 없구나' 하면서 낙심하는 사람도 있었을 것입니다. 그런데 정말 놀라운 일이 일어납니다.

그때에 스데반의 일로 일어난 환난으로 말미암아 흩어진 자들이 베니게와 구브로와 안디옥까지 이르러 유대인에게만 말씀을 전하는데(행 11:19).

스데반의 일은 믿는 자들에게 환난이었던 것이 맞습니다. 그 일로 사람들이 흩어졌다고 말합니다. 그런데 그 흩어진 일로 소아시아와 아프리카 대륙까지 복음이 전해졌습니다. 하나님은 스데반의 순교로 겪은 환난이라는 환경을 복음을 전하는 도구로 사용하셨습니다.

물론 이렇게 질문해 볼 수 있을 것입니다.

"하나님, 스데반의 죽음을 통해 복음이 전해졌다는 것은 좋습니다. 받아들일 수 있습니다. 그런데 저 돌에 맞아 죽은 스데반의 비극은 어떻게 설명해야 하는 것입니까? 스데반을 살려서 이 일을 하실 수는 없으셨습니까?"

어쩌면 지금 가정에 굉장히 힘든 질병으로 죽음의 문턱을 오고 가는 식구가 있을 수도 있고, 직장이나 학교에서 굉장히 어려운 일을 당하고 있을 수도 있습니다. 나뿐만 아니라 내가 사랑하는 사람에게 말로 다할 수 없을 만큼 괴로운 고통이 찾아왔을 수도 있습니다. 그러면 우리는 기도할 것입니다.

"하나님, 왜 그에게, 저렇게 결백하고 착한 사람에게 이렇게나 어려운 일이 일어나나요?"

우리는 그 일을 설명하지 못할 때가 훨씬 많습니다. 그런데 하나님은 우리에게 이렇게 말씀하십니다.

"그 힘들고 어려운 고난의 환경을 통해서 내가 너를 어디로 이끄는지 봐라. 그 사람의 고통은 그의 몫이다. 다만 너는 이 일을 통해 내가 너에게 무엇을 말하는지 들어라."

'그 사람의 고통은 그의 몫이다'라는 말은 그를 방치하신다거나 이용하시겠다는 말씀이 아닙니다. 그 일을 통해 하나님은 그 사람과도 심도 있게 만나실 것입니다. 다만 내가 신경 써야 할 것은 오늘 하나님이 나를 어디로 이끄시는가 하는 것입니다.

만나교회는 1981년에 천막 교회로 시작했습니다. 일어서서 특송을 하려면 머리를 숙여야 하는 환경이었습니다. 김우영 목사님은 1980년 왕십리 감리교회의 담임목사셨는데, 그 교회는 우리나라 감리교회 전체를 통틀어 다섯 손가락 안에 들 만큼 규모가 있었습니다. 그런데 하루는 김우영 목사님이 우리 사남매를 본당에 불러 놓고 "내가 마지막으로 개척을 하고 싶다. 우리 식구가 다같이 기도하고 응답을 받아야겠다"고 하셨습니다. 우리 여섯 식구가 아무도 없는 본당에서 밤새 철야기도를 하고 새벽에 나오면서 똑같이 이야기했습니다.

"아버지, 개척하세요. 우리가 돕겠습니다."

처음 교회는 지금의 압구정동 한양아파트 상가였습니다. 그때만 해도 그 지역이 지금처럼 개발된 땅이 아니었습니다. 아무것도 없는 데에서 시작한 것은 아니고, 삼영교회라고 몇십 명 성도가 있는 조그만 교회에서 시작하셨는데, 몇 달이 지나자 교회가 놀랍게 성장했습니다. 성도 수가 수백 명이 되었고, 교회 버스를 사서 운행할 정도가 되었습니다. 나중에는 새로운 교인들이 모여 교회 이름도 바꿨습니다. 그렇게 시작한 것이 만나교회입니다.

그런데 문제가 생겼습니다. 기존 삼영교회 멤버로 있던 분들이 존재감이 없어지기 시작하면서 불만이 쌓였습니다. 급기야 "만나교회 교인들은 다 나가라"고 요구하기 시작했습니다. 그무렵 제가 고등학생이었는데, 충격적인 일들을 겪어야 했습니다. 김우영 목사님이 설교를 하시는데 교인들이 와서 설교하지말라며 끌어내리기도 했지요. 결국 우리는 그 교회에서 다 나와야 했습니다. 예배당이 없어 천막을 치고 새롭게 시작한 것이지금의 만나교회가 되었습니다.

사실 그때 저는 이해할 수 없는 부분이 있었습니다. 분명 응답을 받고 시작한 일이었는데 환경은 우리 편이 아니었다는 것입니다. 그래서 '하나님, 우리 기도에 응답해 주셨잖아요. 교회개척하는 게 하나님 뜻이라고 확신을 주셨잖아요. 그런데 어떻게 우리에게 이러실 수가 있으세요?' 하는 기도를 했습니다. 그런데 40년이라는 시간이 지나 지금 수많은 사람들, 청년들이 함께 예배 드리는 만나교회를 보면서, 저는 그때 광야로 내몰렸던 그 경험이 없었다면 지금의 만나교회는 없었을지 모른다는 생각을 합니다. 가로막힌 환경으로 내몰렸을 때 우리는 하나님의 이끄심을 경험할 수 있었습니다.

정말 중요한 것은 어떤 환경이 주어졌는가가 아니라, 이 환경 가운데 우리가 하나님의 이끄심을 경험하고 있는가입니다. 우리 삶의 한가운데서 하나님의 이끄심을 경험하고 있습니까?

만나교회 묵상팀의 한 권사님이 이런 묵상 글을 나눠 주셨습니다.

"무엇이 가나안이고 무엇이 광야인가. 가나안이나 광야나 둘 다 힘들다. 그런데 다른 점이 있다. 광야는 구름기둥 불기둥을 따라 순종하고 가는 시기였지 미션이 따로 없었다. 광야에서는 믿음과 순종이 있을 뿐이다. 그런데 가나안에서는 미션이 있다. 열두 지파에게 가서 거기 있는 자들을 멸하고 그 땅을 차지하라고 했다. 광야에서는 하나님께서 뭘 차지하라고 하신 적이 없다."

우리가 신앙생활을 하다 보면 때로는 광야에 있는 것 같다가도 때로는 가나안에 있는 것 같다는 느낌이 들 때가 있습니다. 지금 광야에 있습니까? "하나님, 내가 신앙생활 잘하고 있는데 왜 나를 여기로 보내셨어요? 이건 내가 원하는 자리가 아니잖아요" 하지는 않나요? 광야에서는 하나님의 인도하심을 받으면 됩니다. 그런데 가나안은 다릅니다. 우리가 가나안에 있을 때 하나님은 분명 우리에게 미션을 주십니다. '너에게 사명이 있다'고 하십니다.

놀라운 사실은, 사실 지금 우리가 있는 자리가 광야이든 가나안이든, 내가 원했던 자리이든 그렇지 않든 별로 중요하지 않다는 것입니다. 어느 인생이 지금 내가 원하는 자리에 있다고 말할 수 있겠습니까? 중요한 것은 그곳에서 하나님이 나를 어디로 어떻게 인도하시느냐에 집중하는 것입니다. 내가 하나님의 자녀로 살아가고 있는가 하는 것입니다. 이런 기도를 해 본 적 있습니까? "하나님, 왜 내 기도에 응답해 주지 않으세요?" 저도 그랬던 적이 있는데요, 하나님이 응답해 주시지 않는 것 같은 그 순간에 하나님은 내 기도가 얼마나 잘못됐는지를 깨닫게 해 주실 때가 많았습니다. 하나님의 인도하심은 우리의 기도나 생각과는 훨씬 다릅니다.

환경을 딛고 이룩한 부흥의 역사

1903년 영국의 웨일즈에서는 아주 놀라운 부흥운동이 일어납니다. 이반 로버츠(Evan Roberts)라고 하는 젊은이가 친구 몇 명과 모리아교회에서 가졌던 기도회가 그 시작입니다. 그런데 놀랍게도 부흥의 근원지는 모리아교회의 본당이 아니라 그 옆 작은 교육관이었습니다. 교회에서 본당에서 기도하는 것을 허락하지 않는 바람에 교육관이 역사의 장소가 됐습니다. 마치 베들레헴에서 인류 구원의 역사가 시작되었던 것처럼 말입니다. 초대교회의 성령의 역사가 초라한 마가의 다락방에서 시작된 것처럼 말입니다.

이 기도 운동은 웨일즈의 부흥운동으로 번져 나갔습니다. 1906년에는 미국 캘리포니아 아주사 거리의 부흥운동으로 번졌고, 1907년에는 동방의 작은 나라 한국에까지 번졌습니다. 우리나라의 평양 대부흥운동 역시 웨일즈 부흥운동의 영향을 받았습니다.

특히 1906년 미국 아주사 거리에서 일어났던 부흥운동은 역사적으로도 의미가 깊습니다. 당시 아주사 거리의 부흥은 윌리엄 시모어(William Joseph Seymour) 목사를 중심으로 이루어졌는데, 그는 흑인이었습니다. 지금이야 그게 뭐 대단한 일인가 싶겠지만, 그때만 해도 미국 사회에서 백인과 흑인이 함께 예배를 드리는 일은 상상할 수 없었습니다. 그런데 흑인 목사의 설교를 백인이 듣는다니, 그런 일은 더더욱 있을 수 없는 일이었습니다. 그런데 그때 아주사 거리에서 흑인 목사를 중심으로 성령운동이 일어났고, 그들은 이런 가사의 찬송을 불렀습니다.

사랑하는 주님 앞에 형제자매 한 자리에

크신 은혜 생각하여 즐거운 찬송 부르네

내 주 예수 본을 받아 모든 사람 내 몸같이

환난 근심 위로하고 진심으로 사랑하세 (찬송가 220장)

인종과 세대, 모든 갈등을 뛰어넘어 이루어지는 성령님의 역사가 참 놀랍습니다. 놀라운 부흥의 역사는 겉모양의 화려함, 환경의 탁월함에서 일어나지 않았습니다. 정말 보잘 것 없고 작은 데에서부터 시작했습니다. 하나님은 다만 뜨겁게 기도하는 사람들의 마음 중심을 보셨습니다. 부흥을 원하는 사람들의 기도를 들으신 것입니다.

한국에 처음 복음이 들어오게 된 과정도 살펴볼까요? 구한말 우리나라에는 많은 선교사가 들어왔는데, 그 이유 중 하나가 1800년대 중반 미국 동부 아이비리그를 중심으로 일어난 학생 부흥운동의 영향입니다. 당시 아이비리그에 다니던 학생 중 약 2천여 명이 선교사로 헌신합니다. 사실 그들이 가고자 하는 나라에 '조선'은 없었습니다. 조선을 아는 사람도 없었습니다. 다만 인도나 중국, 일본 등을 지원했다가 떨어진 선교사가 조선에 들어왔습니다.

문제는 당시 미국과 호주와 캐나다에서 동양의 극동지역에 많은 선교비를 보냈는데, 모든 나라에 다 보낼 수는 없었습니다. 일본, 중국, 인도 등에 돈을 보내고 나면 조선까지 챙기기는 부족했던 것이지요. 물론 조선에도 많은 학교와 병원이 세워졌지만, 다른 나라에 비하면 턱없이 모자라는 돈이었습니다. 그래서 중국에서 선교하던 네비우스(Nevius)라고 하는 선교사의 제안으로 조선 땅에서는 이렇게 선교하자는 '네비우스 선교 정책'이 채택되는데, 그게 3자 정책입니다. '자전' '자치' '자립'인데, 이게 무슨 의미인 것 같습니까? '알아서 해라'라는 것입니다.

그런데 이런 척박한 땅, 조선에 놀라운 일이 일어납니다. 충분한 돈과 훌륭한 선교사들이 파송되었던 땅에는 수십 년이 지난 후에 교회가 다 사라졌는데, 조선 사람에 의해서 세워졌던 교회들은 부흥의 역사를 경험한 것입니다.

그 역사의 현장 가운데 토마스(Robert Jermain Thomas) 선교사가 조선 땅을 밟습니다. 그는 스물세 살의 젊은 나이에 영국 웨일즈에서 파송을 받아 중국 선교사로 갔는데, 거기에서 1년 만에 아내를 잃습니다. 심한 우울증에 빠져 있을 때 하나님이 그에게 조선이라는 나라를 보게 하십니다. 그에게 소망과 열정이 생겼습니다. 2년 동안 성경을 번역해서 그걸 가지고 제너럴셔먼호를 타고 평양으로 들어옵니다. 그런데 토마스 선교사는 대동강 변에서 한마디도 못 하고 창에 찔려 죽습니다. 그때 토마스 선교사를 찔러 죽였던 박춘권이라는 사람에게 한문으로 번역된 성경책이 쥐어집니다.

같은 시간 그 장소에 있던 최치량이라고 하는 열두 살 아이가 땅에 버려졌던 성경책 세 권을 챙깁니다. 최치량은 서양인의 물건을 함부로 가져온 것이 무서워서 영주문사(營門主事)였던 박영식이라는 사람에게 성경을 주었어요. 그는 성경책을 어떻게 할지 고민하다 다 뜯어 도배지로 씁니다. 한참 후 그의 집이 널다리교회가 되고, 한참 후에 장대현교회로 바뀝니다. 장대현교회는 1907년 평양 대부흥운동의 근원지입니다.

토마스 선교사를 찌른 박춘권은 어떻게 되었을까요? 그가 가지고 간 성경책을 그의 조카 이영태가 읽고 예수를 믿게 됩니다. 그 후 이영태는 레이놀즈(William Davis Reynolds) 선교사를 도와 성경 번역하는 일을 하지요. 굉장히 놀라운 일입니다. 지금 일어나는 일의 결과는 우리 눈에 보이지 않습니다. 환경도 척박하기 이를 데 없고 때로는 절망적이기까지 합니다. 그러나 이 환경을 통해 이끌어 가시는 하나님의 인도하심이 분명히 있다는 사실을 깨닫습니다.

한국 교회는 제2의 부흥의 역사를 꿈꾸며 2007년에 '1907 부흥 100주년'을 기념하여 여러 가지 행사를 치렀습니다. 하지만 한국 교회는 회개와 부흥의 시기를 그냥 보내고 말았습니다. 그때 우리가 회개하고 교회가 올바로 세워졌더라면 어땠을까요? 그러나 하나님은 우리 한국 교회에 다시 한번 기회를 주셨습니다. 코로나 팬데믹으로 가장 어려운 시기를 지나면서 한국 교회에게 자신을 들여다볼 수 있는 시간을 허락하셨습니다. 우리가 믿는 신앙이 무엇인지를 분명하게 전할 수 있는 때를 하나님이 우리에게 허락하여 주셨습니다. 우리는 이 시간을 허투루 보내서는 안 됩니다. 10년 후, 20년 후에 지금을 후회하며 가슴을 치지 않으려면 하나님의 이끄심에 주목해야 합니다. 하나님의 역사는 늘 환경을 뛰어넘어서 역사하셨다는 사실을 기억해야 합니다.

부흥은 교회의 목적이 아닙니다. 또 단순히 사람이 많이 모이는 것이 부흥의 전부는 아닙니다. 만일 사람이 모이는 것을 부흥으로 생각한다면 수만 명의 사람이 말도 안 되는 짓을 벌인 이단 교주들을 따르는 것도 부흥입니까? 그렇지 않습니다. 우리는 기독교의 진리를 제대로 봐야 합니다.

그러면 무엇이 부흥입니까? 하나님의 말씀이, 신앙의 본질이, 복음의 본질이 살아서 역사하는 것을 우리가 보는 것, 그 역사의 산물이 부흥입니다. 부흥은 단순히 교회 안에서 이루어지는 것이 아닙니다. 우리 인생에도, 삶에도 부흥이 있어야 합니다. 우리가 하나님을 믿는 것의 본질이 드러나야 합니다. 우리 인생을 이끌어 가시는 하나님의 부흥을 경험해야 합니다.

우리의 삶에서 그 부흥의 역사가 일어나기를 간절히 소망합니다. 그리고 백 년 후에 역사가들이 이 시대를 코로나 팬데믹을 이기고 한국 교회가 부흥을 이끌었다고 평가하기를 꿈꿉니다. 사랑하는 젊은이들이 함께 모여 찬양하고 예배하며 또 한번의 부흥을 꿈꾸었다고, 그 꿈을 통해 하나님이 이 땅 위에 놀라운 역사를 행하셨다고 기록하기를 꿈꿉니다. 그 역사의 주인공이 당신과 내가 되기를 주님의 이름으로 간절히 축원합니다.

Part 3

다시, 쓰임받는 성도로

요한복음 15장 1-5절

1 나는 참포도나무요 내 아버지는 농부라

2 무릇 내게 붙어 있어 열매를 맺지 아니하는 가지는 아버지께서
  그것을 제거해 버리시고 무릇 열매를 맺는 가지는 더 열매를
  맺게 하려 하여 그것을 깨끗하게 하시느니라

3 너희는 내가 일러준 말로 이미 깨끗하여졌으니

4 내 안에 거하라 나도 너희 안에 거하리라 가지가 포도나무에
  붙어 있지 아니하면 스스로 열매를 맺을 수 없음 같이 너희도
  내 안에 있지 아니하면 그러하리라

5 나는 포도나무요 너희는 가지라 그가 내 안에, 내가 그 안에 거
  하면 사람이 열매를 많이 맺나니 나를 떠나서는 너희가 아무
  것도 할 수 없음이라

8. 주 안에서 풍요를 누립시다

몽골인들의 시력 이야기를 들은 적이 있습니다. 보통 사람들은 시력이 2.0만 되어도 좋다는 소리를 듣는데, 몽골인들은 4.0이나 나온다고 합니다. 어떻게 그런 시력이 가능할까요? 사람들은 지역적인 특징에서 그 이유를 찾습니다. 몽골이 대부분 초원 지역이다 보니 그곳 사람들은 어려서부터 넓게 트인 곳에서 멀리 보는 생활에 익숙하고, 그런 이유로 시력이 좋아졌다고 합니다.

밀레니엄 시대만 해도 '비전'이라는 단어가 참 많이 쓰였습니다. 교회에서도 그랬지요. '우리가 새 시대에 어떤 비전을 바라볼 것인가?'가 당시 교회마다의 설교 주제였습니다. 그런데 요즘은 비전, 성공 같은 단어들을 잘 사용하지 않는 것 같습니다. 성공 지향적인 사람처럼 보이기 때문일까요? 그러나 저는 이 비전이라는 단어가 담고 있는 '무엇을 바라볼 것인가'라는 주제는 우리 신앙에 있어 참 중요한 부분이라고 생각합니다.

오래전 〈목회와 신학〉에 조용기 목사님의 "바라봄의 법칙"이라는 제목의 설교문이 실린 적이 있습니다. 그 내용 중에 기억에 남는 대목이 있어 소개합니다.

"프랑스의 대문호인 빅토르 위고(Victor Hugo)는 신대륙을 발견한 콜럼버스를 가리켜 이렇게 말했습니다. '콜럼버스의 가장 위대한 업적은 목적지에 이르렀다는 것이 아니라 목적지를 향해 닻을 올렸다는 것이다.' 눈에는 아무 증거 안 보이고 귀에는 아무 소리 안 들리고 손에는 잡히는 것 없고 내 앞길 칠흑같이 어두워도 그 가운데 하나님이 희망을 만들어 내는 것을 바라보고 믿는 것이 우리 믿는 사람들의 역사입니다."

제가 지금 하려는 이야기는 세상에서 말하는 목적, 비전, 성공에 대한 이야기가 아닙니다. 우리가 주님 안에서 무엇을 바라보아야 하는가 하는 신앙적인 문제입니다. 우리가 꿈을 꾸지 못하는 이유가 무엇일까요? 지금 당장 내 앞에서 일어나고 있는 일들에 급급해서가 아닐까요? 그러나 우리가 인생을 살면서 꿈꾼다는 것, 목적지를 향해 닻을 올린다는 것에는 큰 의미가 있습니다. 바라봄의 원리에 따라 우리가 꿈꾸는 교회가 세워질 수도, 그렇지 못할 수도 있으니 말입니다. 이 이야기를 통해 교회를 향한 하나님의 놀라운 비전뿐 아니라 개인을 향한 목적과 비전을 발견하기 바랍니다.

어려운 환경 가운데 비전을 바라본 순간

저는 1998년부터 2003년까지 만나교회의 청년부를 담당하면서 기획목사로서 사역했습니다. 그때 제게는 조력자 세 명이 있었습니다. 이런 동역자만 있으면 뭐든지 할 수 있겠다는 생각까지 들었습니다. 그런데 어느 날 이 세 사람이 한꺼번에 교회를 떠나야 하는 일이 생겼습니다. 한 명은 유학을 가야 했고, 한 명은 개척을 했고, 한 명은 목사 안수를 받고 교회법에 따라 다른 교회로 옮겨야 했습니다. 그때 저는 마음이 무거웠습니다. 지금껏 이 사람들과 같이 일해 왔는데, 다 떠나가면 혼자 어떻게 해야 하나 막막하기만 했습니다.

그런데 참 놀랍게도 하나님은 그 자리에 또 다른 사람을 보내 주셨습니다. 그때 저는 '아, 하나님의 일은 사람과 하는 것이 아니구나' 하는 것을 깨달았습니다. 또 한 가지, 우리가 안 된 일에만 주목하면서 무엇인가에 절망하고만 있으면 그다음 하나님의 일하심을 발견하기가 어렵다는 것을 알았습니다. 우리는 스스로에게 '하나님이 주신 비전을 붙들고 있는가, 아니면 눈앞에 벌어진 부정적 상황만 바라보며 주저앉아 있는가?'라는 질문을 던져 보아야 합니다.

당시 만나교회는 굉장히 열악한 상황 가운데 있었습니다. IMF 경제 위기를 지나는 동안 빚이 백억 원 이상으로 늘었고, 연 이자율이 23퍼센트까지 올랐으니 얼마나 힘들었을지 예상할 수 있을 것입니다. 그 와중에 주변에서는 흉흉한 소문이 돌았는데, '만나교회가 경영난으로 부도가 난다더라' '천주교에 팔렸다더라' 같은 말들이었지요. 슬프게도 그런 소문들은 믿지 않는 사람들이 아니라 이웃 교회에서 나온 것이었습니다.

소문 중에는 '만나교회 빚이 너무 많아서 주일에 은행 직원이 기다리고 있다가 헌금을 다 가져간다더라'라는 말도 있었습니다. 그런데 이 소문은 아주 근거 없는 말은 아니었습니다. 그 무렵 교회에 강도가 들어 헌금을 모두 도둑맞은 적이 있었는데, 다행히 헌금은 모두 찾았지만 같은 일이 반복될 것이 우려되어 은행 직원에게 직접 와서 돈을 가져가 달라 부탁한 적이 있습니다. 그때는 악소문에 일일이 대응할 수 없었지만, 이제는 그날의 오해가 풀어지면 좋겠다는 마음입니다.

그런 와중에 제가 더 힘들었던 것은 개인적인 문제였습니다. 당시 교계에는 '세습'에 대한 문제가 화두에 오르곤 했습니다. 만나교회는 제 아버지이신 김우영 목사님이 개척한 교회입니다. 미국에서 공부를 마치고 돌아온 저는 아버지와 한 교회에서 사역하다가 그런 구설수에 휘말리고 싶지 않았습니다. 제게는 세 가지 선택지가 있었는데, 하나는 다른 교회 담임으로 가든지, 또 하나는 개척을 하든지, 아니면 아예 대학 교수로서 일하는 것이었습니다. 저는 이 문제를 놓고 기도원으로 들어가 하나님 앞에 기도했습니다. 하나님이 명쾌하게 해답을 주시면 좋겠다고 생각했는데, 답이 없었습니다.

기도를 마치고 기도원에서 내려와 휴게소에 앉아 쉬고 있는데, 하나님이 제게 물으셨습니다.

"너는 왜 그렇게 만나교회를 떠나려고 하니?"

저는 정말 솔직한 제 마음을 하나님 앞에 꺼내 놓았습니다.

"사람들의 구설수에 오르는 게 싫습니다. 그리고 저도 아버지의 아들로서가 아니라 제 스스로 능력을 증명하고 싶습니다."

그런 내게 하나님이 다시 물어보셨습니다.

"너에게 만나교회는 뭐니?"

가만히 생각해 봤습니다. 만나교회는 하나님이 세우신 교회였습니다. 만나교회 교인들은 내가 너무나 사랑하는 사람들이었습니다. 그것을 깨닫고 저는 그 자리에서 무릎을 꿇었습니다. 그리고 하나님께 다짐하듯 기도했습니다.

"하나님, 목회를 하며 사람이 하는 어떤 말보다 하나님이 주신 비전만 바라보고 가겠습니다."

그때부터 지금까지 제 비전은 만나교회와 교인들을 사랑하는 마음 딱 하나가 되었습니다. 힘든 환경에서도 제가 만나교회를 떠나지 않을 수 있었던 이유는 오직 그것 하나뿐이었습니다.

우리 삶의 문제를 하나님 앞으로 가져가 정직하게 물으십시오. 그렇지 않으면 우리는 인생의 명확한 비전을 세우지 못합니다.

무엇을 어떻게 바라볼 것인가

감사하게도 저는 그때부터 만나교회에서 청년사역을 하게 됐습니다. 늦은 새벽까지 일을 하고 나면 동역하던 목사님들과 감자탕 집을 자주 다녔는데, 전골을 시켜 끓기를 기다리고 있으면 꽤 출출해 저는 어느 뼈에 살이 많이 붙었는지 살펴보기에 여념이 없었습니다. 그런데 같이 식사하던 목사님 중에 서울대학교 수의학과를 졸업한 분이 있었는데, 그분이 그러더군요.

"목사님, 이게 몇 번 뼈인지 아십니까?"

재미있지 않습니까? 배고팠던 제게는 뼈에 붙은 살만 보였지만, 수의학 공부를 한 분의 눈에는 뼈가 보인 것입니다. 이렇게 사람은 자기가 관심 있는 것에만 시선을 둡니다. 똑같은 상황을 바라보며 우리는 모두 다른 생각을 합니다. 내가 살아온 역사가 다르고 성격도 다르기 때문이지요.

우리 인생도 그렇습니다. 무엇을 생각하고 무엇을 마음속에 품고 있느냐에 따라 보는 것이 달라집니다. 우리가 꿈꾸는 교회, 우리가 꿈꾸는 인생은 눈에 보이는 환경에 의해서가 아니라 비전의 법칙에 따라 움직입니다. 즉 우리가 무엇을 어떻게 바라보느냐에 따라 삶이 달라질 수 있다는 것입니다.

그렇다면 우리는 세상을 어떻게 바라봐야 할까요? 예수님을 믿는 사람의 방식으로 세상을 바라봐야 합니다.

6 믿음이 없이는 하나님을 기쁘시게 하지 못하나니 하나님께 나아가는 자는 반드시 그가 계신 것과 또한 그가 자기를 찾는 자들에게 상 주시는 이심을 믿어야 할지니라 7 믿음으로 노아는 아직 보이지 않는 일에 경고하심을 받아 경외함으로 방주를 준비하여 그 집을 구원하였으니 이로 말미암아 세상을 정죄하

고 믿음을 따르는 의의 상속자가 되었느니라 ⁸ 믿음으로 아브
라함은 부르심을 받았을 때에 순종하여 장래의 유업으로 받을
땅에 나아갈새 갈 바를 알지 못하고 나아갔으며(히 11:6-8).

말씀에서 노아가 방주를 지었던 것은 아직 보지 못한 일에 경
고하심을 받았기 때문입니다. 그가 보지 못했던 것을 믿음의 눈
으로 보고 순종했기 때문입니다. 믿음의 조상 아브라함은 부르
심을 받았을 때 갈 바를 알지 못하고 나갔습니다. 두 사람은 인
생의 계획을 치밀하게 세우던 사람이 아니었습니다. 방황할 수
밖에 없는 상황에서 두 사람은 하나님 안에 거했습니다. 이것이
믿음이라고 성경은 말씀하고 있습니다.

너희가 나를 택한 것이 아니요 내가 너희를 택하여 세웠나니
이는 너희로 가서 열매를 맺게 하고 또 너희 열매가 항상 있게
하여 내 이름으로 아버지께 무엇을 구하든지 다 받게 하려 함
이라(요 15:16).

하나님이 우리를 먼저 택하셨습니다. 왜냐하면 열매를 맺게
하시기 위해서라고 합니다. 다른 표현으로 풍성하게 살도록, 탁
월한 삶을 살도록 부르셨다는 말입니다.
'탁월함'이란 말을 들으면 어떤 이미지가 먼저 떠오릅니까? 세
상적으로 스펙도 좋고 능력도 있는, 소위 잘나가는 사람입니다.

이런 사람들은 돈도 잘 법니다. 아니면 돈 많은 집에서 태어났습니다. 겉으로 보기에는 남들과 다른 삶을 사는 것 같습니다. 새로운 일을 만들어 내는 데에 거리낌이 없고, 그러다 보니 많은 사람이 주목하고 선망합니다. 그런데 성경은 그들더러 탁월하다 이야기하지 않습니다. 풍성한 삶이라고 말하지 않습니다.

성경이 말하는 탁월함은 우리가 생각하는 것과 조금 다릅니다. 바로 열매 맺는 삶입니다. 하나님께 영광이 되는 삶, 하나님이 기뻐하실 수 있는 삶입니다. 하나님이 우리를 택해 부르신 대로, 목적 있는 삶을 살아가는 것입니다. 과연 내가 부러워하는 어느 재벌, 인플루언서, 연예인의 삶을 통해 하나님이 영광받고 계십니까? 과연 내가 그들과 같은 삶을 목표로 삼고 열심히 달려간다면 하나님이 기뻐하실까요?

주 안에서 탁월하려면 우리는 먼저 예수님 안에 있어야 합니다. 그때 우리는 삶의 목적을 분명히 할 수 있습니다. 주님 안에 거한다는 말은 무슨 의미일까요?

소위 '믿음이 좋다'라고 말할 때는 어떤 상태를 말할까요? 하나님을 신뢰할 때, 하나님만으로 만족하고 충만할 때가 아닐까요? 반대로 내 삶에 하나님이 크게 개입하시지 않는 것만 같고 신뢰가 가지 않을 때 믿음이 땅에 떨어진 것만 같다고 느낍니다. 즉 내가 주님 안에 거한다는 말은 곧 내가 주님을 전적으로 신뢰한다는 말입니다. 그분에게서 삶의 근거를 찾는다는 말입니다. 그분이 우리를 택하여 주셨으므로 절대로 우리를 버리시지 않을 것을 믿는 것입니다. 하나님이 택하신 이 교회는 사명이 다하기까지 절대로 넘어지지 않는다는 사실을 믿는 것입니다.

찰스 스펄전(Charles Haddon Spurgeon)이 《구원의 은혜》라는 책에서 이런 말을 합니다.

> "청교도들은 '기댐(Recumbency)'이라는 말로 믿음을 설명하곤 했다. 어떤 것에 몸을 기댄다는 뜻이다. 당신의 온몸을 그리스도께 기대라. 만세 반석 위에 온몸을 쭉 뻗고 드러눕는 것을 생각하면 된다. 예수님을 의지하라. 그 안에서 안식을 얻고 그분께 자신을 맡기라. 그렇게 하는 것이 구원에 이르는 믿음을 행사하는 것이다."

예를 들어 내가 벽에 기대고 섰습니다. 그런데 한 시간쯤 지나니 발이 저리고 무릎이 아픕니다. 그렇다면 나는 벽에 내 몸을 온전히 기댔다고 말할 수 있을까요? 아니지요. 내 발이 저리고 무릎이 아프다는 것은 내 발로 버티고 서 있다는 말입니다. 내가 온전히 기댔다면 한 시간이 지나고 두 시간이 지나도 아프지 않아야 합니다. 편안해야 합니다. 청교도가 이야기했다는 '기댐'은 만세반석 위에 내 팔과 다리를 다 맡기고 누워 있는 편안한 상태를 의미하는 것입니다. 이것이 하나님을 향해 취해야 할 우리의 태도라는 말입니다.

주님 안에 거하고 있습니까? 얼마나 주님께 기대 나를 맡기고 있습니까? 우리가 추구하는 것이 세상적인 성공이라면 우리는 아무리 주님께 기대고 있다고 해도 발이 저리고 무릎이 아플 것입니다. 그러나 우리가 세상의 성공을 떠나 성경이 말하는 인생의 탁월함으로 살기 원한다면, 온전히 주님께 나를 맡긴다면 영혼의 평안함을 맛볼 수 있을 것입니다. 그리고 그러한 상태가 우리의 비전이 되어야 합니다.

주님 안에 거한다는 것

요즘은 그런 인사를 하지 않지만, 장로님이나 권사님 세대는 "승리하세요"라는 인사를 많이 했습니다. 과연 이 인사가 "세상에 나가서 돈과 명예를 가득 취하고 오세요"라는 말일까요? 그런 경우에는 흔히 "저 사람 성공했어"라고 하지 "승리했어"라고 하지 않지요. 성공과 승리에는 미묘한 다름이 있습니다. 분명한 것은 우리가 주님 안에 있다는 것은 승리를 추구한다는 말이지 성공을 향해 가라는 말이 아니라는 사실입니다.

이진희 목사님의 《가나안에 거하다》에 아주 멋진 표현이 있습니다.

"성공한 사람에게는 보상이 주어지지만, 승리한 사람에게는 면류관이 주어진다. 성공한 사람에게 주어지는 것에 비하면 승리한 사람에게 주어지는 면류관은 초라하고 보잘것없어 보인다. 그래서 사람들은 승리보다 성공을 더 바란다. 그러나 사람들은 성공한 사람보다 승리한 사람에게 더 뜨거운 박수갈채를 보낸다. 하나님도 그러실 것이다. 세상 사람들은 성공을 추구하지만, 하나님의 사람들은 승리를 추구한다."

우리는 성공이 아니라 승리를 바라는 인생이어야 합니다. 승리한 사람에게 주어지는 보상은 때로 하찮아 보일 수도 있습니다. 그렇다 할지라도 우리는 최후 승리를 믿는 사람이 되어야 합니다.

그러면 예수 안에 거하며 승리하는 인생을 산다고 하는 것은 어떤 것일까요? 이것에 대해 예수님은 포도나무 비유로 말씀하셨습니다.

> [1] 나는 참포도나무요 내 아버지는 농부라 [2] 무릇 내게 붙어 있어 열매를 맺지 아니하는 가지는 아버지께서 그것을 제거해 버리시고 무릇 열매를 맺는 가지는 더 열매를 맺게 하려 하여 그것을 깨끗하게 하시느니라(요 15:1-2).

우리는 분명한 자의식을 갖고 있어야 합니다. 우리는 나무가 아니고 농부는 더더욱 아닙니다. 우리는 '가지'입니다. 우리는 스스로 열매를 맺을 수 없습니다. 열매를 맺었다면 그것은 나무에 붙어 있었기 때문입니다. 농부에게 모든 것을 맡겼기 때문입니다. 즉 우리가 해야 할 일은 나무에 온전히 기대 있는 것입니다. 농부의 일하심을 믿는 것입니다. 그럴 때 하나님이 그 가지에 풍성한 열매를 맺게 하십니다.

만약 가지가 '나 혼자도 열매 맺을 수 있어' 하면서 나무에게서 떨어져 나가면 어떻게 될까요? 하루도 지나지 않아 마른 장작이 되겠지요. 가지에게 필요한 것은 실력도 능력도 아니요, 오직 겸손함입니다. 그래서 예수 안에 거하는 사람인지 아닌지를 분별하는 가장 중요한 요소가 바로 겸손함입니다.

정말 무서운 일이 뭔지 아십니까? 주님 때문에 일어난 일을 내 영광으로 돌릴 때, 즉 겸손을 잃어버리게 될 때 우리는 하나님과 멀어집니다. 바울이 이런 말을 합니다.

> [6] 나는 심었고 아볼로는 물을 주었으되 오직 하나님께서 자라나게 하셨나니 [7] 그런즉 심는 이나 물 주는 이는 아무 것도 아니로되 오직 자라게 하시는 이는 하나님뿐이니라 [8] 심는 이와 물 주는 이는 한가지이나 각각 자기가 일한 대로 자기의 상을 받으리라(고전 3:6-8).

아마도 고린도교회 당시 아볼로라는 사람의 가르치는 은사가 탁월했던 것 같습니다. 바울은 자기가 교회를 개척한 것을 '씨앗을 심은 것'에 비유하고, 아볼로의 목회를 '물을 준 것'에 비유합니다. 그랬더니 어떤 사람은 '씨 뿌리는 게 제일이지' 하고, 어떤 사람은 '물 주는 일이 제일이지' 했다는 것입니다. 거기에 바울이 이렇게 말합니다.

"여러분, 누가 심었든, 누가 물을 주었든 그것은 중요한 일이 아닙니다. 그것을 자라게 하시는 분은 하나님입니다. 그러니 여러분은 사람을 들어 '나는 누구에게 속했다'고 말하지 말고, 오직 하나님께 속한 자임을 분명히 하십시오."

우리는 아무것도 아니지만, 하나님이 우리 안에서 역사하시면 선함이 나타납니다. 하나님의 역사는 때때로 우리가 생각하는 합리성, 논리성에 근거하지 않습니다. 하나님이 합리적이지 않거나 논리적이지 않다는 말이 아닙니다. 하나님은 인간이 말하는 합리성, 논리성을 초월하시는 분이라는 말입니다.

후안 카를로스 오르티즈(Juan Carlos Ortiz)가 아르헨티나 부에노스아이레스에서 목회를 할 때 이야기입니다. 아르헨티나는 구교의 나라지요. 그런 곳에서 교회에 천 명이 모인다는 것은 굉장한 일인데, 그가 목회하는 교회가 그랬습니다. 하루는 설교를 준비하는데 하나님의 음성이 들렸습니다.

"후안, 오늘은 설교하지 마라."

그런데 그가 이렇게 대답했다고 합니다.

"하나님, 지금 제가 하려는 설교는 '사랑'이라는 주제의 시리즈 설교입니다. 그리고 이 예배가 라디오 생방송으로 나갈 거예요."

그런데 이번에도 하나님의 음성은 같았습니다.

"후안, 오늘은 설교하지 마라."

그 음성이 너무 강력해서 순종해야겠다는 생각이 들었답니다. 그래서 설교 시간에 강단에 올라 "여러분, 오늘 말씀은 서로 사랑하라입니다" 하고는 그냥 자리에 가서 앉았답니다. 교인들은 어리둥절했겠지요. 아무도 움직이지 않고 다들 앉아만 있기에 그가 다시 나와서 "여러분, 오늘 말씀은 서로 사랑하라입니다" 하고는 다시 자리로 가 앉았답니다. 교인들은 혹시 목사님과 성가대가 사인이 맞지 않았나 하면서 가만히 지켜봤습니다. 후안이 세 번째로 단에 올라와서 "여러분, 오늘 말씀은 서로 사랑하라입니다" 하고 내려갔을 때, 회중에 한 남자가 일어나더니 옆에 있는 사람에게 "내가 주님의 이름으로 당신을 사랑합니다" 하고 고백하기 시작했습니다. 그러더니 곧 전체 회중이 다 일어나서 서로 사랑에 대한 고백을 나누기 시작했습니다. 이 교회는 몇 주 동안 설교 시간에 그날 일어났던 사랑 고백에 대한 간증을 나눴다고 합니다. 후안은 이렇게 말합니다.

"나는 지금까지 이렇게 말씀을 간구하는 성도들의 눈빛을 본 적이 없습니다. 여러분은 말씀을 듣는 사람입니까, 행하는 사람입니까?"

꽤 오래 전 일입니다. 제게도 비슷한 일이 있었습니다. 제가 한동대학교 집회에 초대받아 설교를 준비하고 있는데, 하나님의 음성이 들렸습니다.

"네가 오늘 준비한 설교가 학생들에게 적절하지 않다."

정말 당황했습니다. 설교 시간까지 세 시간 정도밖에는 남지 않았는데, 이제 와서 설교 내용을 바꾸기는 제 성격상 정말 어려운 일이었습니다. 그런데 그 음성이 너무도 강력해서 순종해야겠다 마음을 먹었습니다. 결국 많은 회중 앞에 설 때 제 손에는 원고가 없었습니다. 성령께서 마음에 주시는 대로 설교를 했습니다. 그러면서 저는 정말 강렬한 깨달음을 얻었습니다.

'하나님은 내 준비대로 일하시는 분이 아니구나, 내가 최선을 다하지만 하나님은 늘 하나님의 방법으로 나를 인도하시는구나.'

전적으로 하나님을 신뢰한다는 것이 이런 것 아닐까요? 저는 그날 제가 준비한 원고가 아니라 하나님만 전적으로 의지할 수밖에 없었습니다. 그러자 하나님이 나를 쓰신다는 느낌을 받았습니다.

그런데 우리가 착각하지 말아야 할 것이 있습니다. 내가 전적으로 하나님을 신뢰한다는 것이 아무것도 하지 않고 나태해도 된다는 말은 아닙니다. 어느 날 아내가 제게 그러더군요.

"당신 요즘 너무 교만한 것 같아. 왜 자기가 없으면 교회가 잘못될 거라고 생각해?"

아내의 질문을 듣고 곰곰이 생각해 봤습니다. 아내가 왜 그런 말을 했는지 이유를 알 것 같았습니다. 저는 이제 60세를 바라보는 입장에서 은퇴를 생각하지 않을 수가 없습니다. 그런데 걱정되는 것이 있어요. 행여 '나는 할 일을 다 했어' 하고 끝내고 나왔는데, 그 후에 교회와 교인들이 어려움을 겪게 된다면 어떡하나 싶은 것이지요. 그러다 보니 제가 은퇴 준비를 잘해야겠다는 생각에 여러 가지 준비도 하고 애를 씁니다. 아마도 아내가 보기에는 제 그런 노력이 하나님께 맡기지 않고 나 혼자서 아등바등 애쓰는 것처럼 보였던 모양입니다. 그래서 제가 아내에게 이야기했습니다.

"내가 지금 애쓰는 것은 '나 아니면 안 돼' 하는 마음은 아닌 것 같아. 나는 내가 없어도 만나교회가 후임 목사님과 함께 지금처럼 건강하게 세워져 가면 좋겠어. 만나교회 교인들이 더 풍성하게 거룩한 열매를 맺어갈 수 있으면 좋겠어. 하나님이 세우신 교회이기 때문에 나 또한 최선을 다해 준비해야 한다고 생각해. 물론 하나님은 내 방식대로 일하시는 분이 아니고, 하나님의 방식대로 끌고 가시겠지만, 그래도 내가 열심히 준비하면 그 준비한 만큼은 쓰실 거라고 생각해. 그리고 내가 열심히 하다 보면 하나님이 이끄시는 방향을 알 수도 있는 것 같아. 만일 내가 아무 것도 하고 있지 않다면 하나님은 쓰실 게 없지 않을까?"

우리가 포도나무에 붙어 있어야 한다는 말은 아무 것도 하지 않아도 된다는 말이 아닙니다. '그냥 하나님 알아서 하세요' 하고 내 인생을 내팽개치고 나 몰라라 하는 것이 아닙니다. 최선을 다해 꽉 붙어 있어야 합니다. '주님 나를 도와주세요!' 하고 열심히 주님을 의지해야 합니다. 열매 맺지 않는 가지는 하나님이 잘라 버리신다고 합니다. 그것 아십니까? 나무는 가지를 잘라 내면 그 자리에서 더 건강한 새로운 가지가 뻗어 나옵니다. 때로 하나님은 우리 삶을 가지치기해서 아프게 하실 수 있습니다. 그러나 그것은 벌이 아닙니다. 우리가 더 나은 인생길로 나가는 것을 지켜보시는 것입니다. 인생의 아픔 가운데서 자포자기하지 말기 바랍니다. '하나님, 내 인생이 망가졌습니다' 하고 주저앉는 것이 아니라, 하나님이 우리의 가지를 자르시며 우리 인생이 어떻게 풍성케 되기를 원하시는지를 보기 바랍니다.

하나님은 마른 가지를 쳐서 열매 맺는 가지를 더 깨끗게 하겠다고 하십니다. 우리가 더러운 옷을 입고 있으면 때가 타도 잘 보이지 않습니다. 그러나 깨끗한 옷을 입으면 작은 얼룩도 금방 눈에 띕니다. 하나님이 우리를 깨끗게 하시는 것은 앞으로 살아갈 날 동안 작은 죄가 묻어도 그것이 보이게 하시기 위함입니다. 하나님의 사람으로 세상을 살아가게 하시는 것입니다. 때로 가지를 잘라 내는 고통을 겪더라도 깨끗게 하시는 하나님의 손길이 있다는 사실을 깨달을 때 우리는 예수 안에 거하는 사람이 될 수 있습니다.

우리 삶에 이러한 하나님의 손길이 있기를 바랍니다. 삶의 풍성함을 누리기를 바랍니다. 예수 안에 거할 때 누리는 풍성함은 세상의 풍성함과는 결이 다르다는 사실을 반드시 기억하기 바랍니다. 하나님의 영광과 그분의 기뻐하심이 우리 삶 가운데 있기를 마음 다해 축원합니다.

6 그 때에 유다 자손이 길갈에 있는 여호수아에게 나아오고 그 니스 사람 여분네의 아들 갈렙이 여호수아에게 말하되 여호와 께서 가데스 바네아에서 나와 당신에게 대하여 하나님의 사람 모세에게 이르신 일을 당신이 아시는 바라

7 내 나이 사십 세에 여호와의 종 모세가 가데스 바네아에서 나 를 보내어 이 땅을 정탐하게 하였으므로 내가 성실한 마음으 로 그에게 보고하였고

8 나와 함께 올라갔던 내 형제들은 백성의 간담을 녹게 하였으 나 나는 내 하나님 여호와께 충성하였으므로

9 그 날에 모세가 맹세하여 이르되 네가 내 하나님 여호와께 충 성하였은즉 네 발로 밟는 땅은 영원히 너와 네 자손의 기업이 되리라 하였나이다

10 이제 보소서 여호와께서 이 말씀을 모세에게 이르신 때로부터 이스라엘이 광야에서 방황한 이 사십오 년 동안을 여호와께서 말씀하신 대로 나를 생존하게 하셨나이다 오늘 내가 팔십오 세로되

11 모세가 나를 보내던 날과 같이 오늘도 내가 여전히 강건하니 내 힘이 그 때나 지금이나 같아서 싸움에나 출입에 감당할 수 있으니

12 그 날에 여호와께서 말씀하신 이 산지를 지금 내게 주소서 당 신도 그 날에 들으셨거니와 그 곳에는 아낙 사람이 있고 그 성 읍들은 크고 견고할지라도 여호와께서 나와 함께 하시면 내가 여호와께서 말씀하신 대로 그들을 쫓아내리이다 하니

9. 선명한 비전은 삶의 태도를 바꿉니다

선명한 비전을 가지고 있는 사람에게서 나타나는 중요한 삶의 방식, 태도가 있습니다. 굉장히 '래디컬(Radical)' 해진다는 것입니다. 한때 래디컬이라는 말이 유행처럼 번지던 때가 있었지요. 저도 참 좋아하는 표현입니다. 이 말의 어원은 '뿌리(Route)'에서 나왔고, '근본적인' '본질적인'이라는 뜻이 있습니다.

우리가 하나님의 말씀에 본질적으로 접근하고, 본질적인 복음을 가슴에 품기 시작할 때 삶은 필연적으로 래디컬 해질 수밖에 없습니다. 만약 하나님을 믿는다면서 삶이 래디컬 해지지 않았다면 우리는 본질적인 복음에 다가가지 못했다고 말할 수 있습니다.

오스왈드 챔버스의 《주님은 나의 최고봉》 5월 9일자를 보면 "이상입니까, 비전입니까"라는 제목의 글이 있습니니다.

"이상과 비전은 다릅니다. 이상은 영적인 영감이 없지만 비전에는 영감이 있습니다. 이상에 빠진 사람들은 거의 아무것도 하지 않습니다. … 그러나 비전이 있는 곳에는 올바른 삶이 있습니다. 그 이유는 비전은 순종하고자 하는 도덕적(영적) 동기를 부여하기 때문입니다."

오스왈드 챔버스의 표현에 의하면 이상은 하나님께로부터 온 것이 아닙니다. 그래서 이상은 환경이나 나의 판단에 의해 좌우될 때가 많아요. 반면에 하나님이 주시는 비전은 영적인 영감이고, 그것은 환경이 아니라 순종과 관계되어 있습니다. 우리에게 선명한 비전이 있다면 그것이 순종의 문제인 것을 자각할 필요가 있습니다.

선명한 비전이 있을 때 불평이 사라진다

이스라엘 백성들은 광야에서 어려운 일을 당할 때마다 비전이 흔들리고 넘어지고 깨집니다. 왜 그랬을까요? 그들이 바라보던 이상과 하나님이 주신 비전이 달라서였습니다. 하나님은 이스라엘 백성을 광야로 불러내셨습니다. 그들과 동행하고자 하심이었지요. 그런데 이스라엘 백성들은 빨리 그 광야를 벗어나고자 했습니다. 그러니 광야를 벗어나지 못한 시간이 그들에게 고난으로 여겨지고, 그 고난을 겪을 때마다 그들의 비전이 흔들린 것입니다. 지금 우리 비전이 흔들리고 있다면 삶의 환경에 의해 좌우되고 있는 것은 아닌지 믿음의 눈으로 볼 필요가 있습니다.

가끔 후배 목회자들이 고민이 있다면서 찾아옵니다. 대개 하려던 일이 잘 안 되고 어려운 상황일 때가 많습니다. 조언을 구하는 것은 좋은데, 어떤 때는 "제가 교회를 옮겨야겠습니다" 합니다. 그 말을 꺼내기까지 얼마나 고군분투했을지 알기에 마음이 아픕니다. 그럴 때 저는 그들에게 이렇게 이야기해 줍니다.

"갈등은 피하라고 주어지는 것이 아니라 해결하라고 주어지는 겁니다. 이 갈등을 피해서 다른 교회로 가면 거기에서는 갈등이 없을까요? 아니에요. 갈등은 어디나 존재합니다. 그러면 갈등이 생길 때마다 옮기겠습니까?"

삶에 갈등이 찾아왔을 때, 선명한 비전의 사람들은 환경을 회피하려고 하지 않습니다. 이 가운데서 하나님이 나에게 주시려고 하는 비전이 무엇인가를 생각합니다.

우리에게 선명한 비전이 있다는 증거는 지금 우리가 주변 상황이나 사건, 벌어진 결과에 좌우되지 않는다는 것입니다. 선명한 비전이 있는 사람들은 좀 더 크고 명확한 것을 바라보고 살아갑니다. 선명한 비전이 있을 때, 우리가 해야 하는 일이 명확해집니다. 반대로 선명한 비전이 사라지면 쉽게 타협하려는 경향을 보입니다. 비전이 사라진 사람의 특징은 '육신의 만족'을 위해 산다는 것입니다. 언제부터인가 우리의 삶에서 자꾸 육신의 만족을 추구하고자 하는 생각이 든다면, 선명한 비전이 사라졌다는 증거입니다.

선명한 비전에는 분명한 대가가 따릅니다. 대가를 치루지 않는 선명한 비전은 존재하지 않습니다. 얼마 전 어떤 젊은 집사님이 저에게 그런 이야기를 하더군요.

"목사님, 코로나와 함께 지나온 3년 동안 오스왈드 챔버스, 성경통독, 하나님의 숨결을 묵상하면서 제 삶이 바뀌었습니다. 이전에도 저는 물론 교회를 다니는 사람이었습니다. 그런데 최근에 제 남편이 이야기하더라고요. '네 삶이 바뀌었다'고."

선명한 비전으로 인해 삶의 우선순위가 바뀌었습니까? 삶의 결단이 일어났습니까? 그 결단을 이루기 위하여 헌신이 있었습니까? 우리가 하나님을 믿고 살아가는 그리스도인인데 여전히 우선순위도 바뀌지 않고, 아무런 결단도, 헌신도 일어나지 않았다면 문제가 아닐까요?

이스라엘 백성들은 광야를 지나는 동안 불평과 불만이 참 많았습니다. 그들은 홍해를 건너서 시나이 반도를 돌아 가나안으로 향하게 된 순간 광야를 피할 수 없음을 알았습니다. 광야에는 물이 없는 것이 당연하지요. 물만 없습니까? 먹을 음식도 없습니다. 다 알고 시작한 여정입니다. 그러면 그들이 해야 할 것은 하나님의 인도하심을 따르는 일입니다. 하나님이 주시지 않으면 죽을 수밖에 없음을 인정하는 일입니다. 홍해를 건너 가나안으로 가야겠다고 마음먹었을 때 그들은 헌신을 각오했어야 합니다.

우리가 하나님의 사람으로 살겠다고, 그분의 뜻과 말씀대로 살겠다고 세상에 선포하는 순간, 예상되는 삶의 모습이 있습니다. 조금 불편할지도 모릅니다. 포기해야 할 것도 있고 결단해야 할 것도 있습니다. 익숙한 일들을 포기하고, 새로운 결심을 해야 할 것입니다. 그런데 그걸로 불평할 수 있습니까? 내가 불평하고 있다는 것은 비전이 희미해진 것입니다. 우리가 광야에 접어들었다면 이 어려운 상황에서 어떻게 삶의 방식을 바꿀까, 어떻게 하나님과 동행할까를 고민해야 합니다.

저는 가끔 어려운 삶의 순간을 맞이하는 사람들을 봅니다. 아무리 해도 인생이 잘 풀리지 않는 사람들을 봅니다. 때로는 건강을 잃기도 하고, 그래서 신앙을 소홀히 하기도 합니다. 마치 돈을 잃으면 인생의 모든 가치를 잃어버린 것처럼 실망하고 주저앉는 경우들도 봅니다. 이런 인생의 절망적인 상황은 누구에게나 찾아옵니다. 그런데 이때 선명한 비전이 있다면 절망하지 않습니다. 돈이 없고, 건강을 잃었다는 것은 조금 힘들고 불편한 일일 뿐입니다. 그러나 우리에게 선명한 하나님의 비전이 있을 때, 우리는 그 길을 이겨 낼 수 있습니다.

> 3 다만 이뿐 아니라 우리가 환난 중에도 즐거워하나니 이는 환난은 인내를, 4 인내는 연단을, 연단은 소망을 이루는 줄 앎이로다(롬 5:3-4).

환난이 무엇을 향해 가고 있나요? 소망을 향해 가고 있습니다. 환난 중에 소망을 바라보면서 어떤 일이 일어납니까? 인내입니다. 내가 지금 환난 가운데 있다는 말은 인내와 연단의 과정을 지나야 한다는 말입니다. 그럴 때 우리는 소망을 향해 갈 수 있습니다.

욥 하면 고난이 떠오르지요. 그런 욥이 뭐라고 고백합니까?

그러나 내가 가는 길을 그가 아시나니 그가 나를 단련하신 후
에는 내가 순금 같이 되어 나오리라(욥 23:10).

욥에게는 선명한 비전이 있습니다. 하나님이 나를 단련해 순
금처럼 만들 것이라는 비전입니다. 그래서 그는 낙심하지 않았
습니다. 삶을 포기하지 않고 그 고통의 시간을 버텨 낼 수 있었
습니다.

언젠가 한국의 목사님들 사이에 어떤 차를 타는가가 관심의
대상이 된 적이 있습니다. 마치 성공의 척도가 좋은 차를 타는
것처럼 느껴졌던 것이지요. 그런데 그게 목회자들에게서만 끝
나지 않고 장로님들도 그런 말을 했습니다.

"우리 목사님이 그런 차 타면 우리가 창피해요."

그래서 좋은 차를 태워줬습니다. 그런데 이거 세상적 기준 아
닙니까? 목회를 하는 데 좋은 차 나쁜 차가 무슨 소용입니까? 목
사가 좋은 차 타는 것이 잘못이라는 말이 아닙니다. 저는 우리
교인들이 경제적으로 어려움 없이 풍요롭게 살기를 누구보다
바랍니다. 다만 세상의 기준이 목회의 성공과 실패를 가름하는
기준이 될 수 없다는 말입니다. 어떤 목사님이 어떤 차를 타는
가 그런 거 보지 마세요. 만약에 목회자에게, 교회에게 그런 게

성공과 실패의 표상처럼 보인다면 우리는 본질을 흐리고 있는 것입니다.

경제적인 기준이 우리의 비전과 선택의 기준이 되어서는 안 됩니다. 이것은 풍요롭게 사느냐 가난하게 사느냐의 문제와 다릅니다. 평생 하나님 믿고 살아가는데, 우리가 꿈꾸는 이상이 부유한 삶, 세상을 누리는 삶이면 되겠습니까? 세상 사람과 같은 기준으로 살면 되겠습니까? 우리가 붙들어야 하는 것은 어떠한 결과가 아니라 하나님이 주신 선명한 비전을 끝까지 붙들고 가는 것입니다. 하나님의 비전을 바라보는 눈이 열려야 합니다.

탐욕을 이기고 선명한 비전으로 살라

바울이 나이가 들면서 과연 내가 이 목회 여정을 잘 마칠 수 있을까 고민합니다. 저 역시 나이가 들어 가면서 바울의 고민이 남일같이 느껴지지가 않습니다.

내가 내 몸을 쳐 복종하게 함은 내가 남에게 전파한 후에 자신이 도리어 버림을 당할까 두려워함이로다(고전 9:27).

바울이 자기 몸을 쳐 복종하게 했답니다. 설마 그가 채찍을 갖고 다니며 스스로 몸을 쳤겠습니까? 그렇지 않지요. 그렇다면 이게 무슨 말일까요? 바울이 두려움에 빠진 것은 나이가 들고 있다는 말입니다. 몸이 점점 연약해지는 것입니다. 그래서 '아, 내가 이렇게 살아가다가는 언젠가 버림을 받을지도 모르겠어'라고 생각했다는 말입니다. 자기 몸을 쳐 복종하게 했다는 말은 육신의 욕망에 굴복하지 않고 무기력함을 이겨 냈다는 말입니다.

요즘 제 마음을 가장 흔들어 놓는 사람이 있습니다. 손녀딸입니다. 요즘은 그 아이가 제 우선순위가 됐습니다. 제가 목회를 하면서 우리 아이들에게 늘 하던 말이 있습니다.

"주일엔 아빠한테 오지 마. 주일에 아빠는 너희 아빠가 아니라 교회 담임목사야."

어쩌면 조금 차갑게 느껴졌을지 모릅니다. 그런데 그게 제게는 선명한 기준이었습니다. 그런데 손녀딸이 그걸 흔들어 놨습니다. 로비에 나와서 교인들과 인사를 나눌 때, 손녀딸이 오면 제가 먼저 아는 척을 하게 됩니다. 자녀에게는 "오지 마! 아빠는 담임목사야" 하고 등을 돌리던 저였는데, 이제는 손녀딸 때문에 교인들에게서 등을 돌릴 때가 생깁니다.

나이가 들어 간다는 것에 대해 생각해 봅니다. 분명 제게는 선명한 기준이 있었고, 그 기준을 지키며 살아왔는데, 나이가 들어 가면서 그 기준이 흐려집니다. 행여 제가 제 육신의 만족을 위해 비전을 저버리는 날이 오지는 않을까 하는 두려움이 앞섭니다. 그래서 바울의 두려움이 뼛속 시리게 공감이 됩니다.

"하나님, 제가 이 목회를 마치는 날까지 하나님 앞에 버림받지 않는 사람이 될 수 있도록 해 주세요. 선명한 기준을 가지고 살아갈 수 있게 해 주세요."

물론 제 기준이 교인들의 기준과 같지 않을 수 있습니다. 그러나 끝까지 흔들리지 않기를 바랍니다. 연약해지지 않기를 바랍니다. 하나님이 제게 주신 선명한 비전을 갈렙과 같이 끝까지 가슴에 담고 살아 내기를 바랍니다.

선명한 비전이 있는 사람들은 삶에 차선책을 두지 않습니다. 아니, 차선책을 두지 않으려고 노력합니다. 우리의 삶에 비상구를 두지 않으려고 노력합니다. 비상구가 없어야 비전의 길을 갈 수 있습니다. 저는 하나님을 믿는 사람들이 멋있으면 좋겠습니다. 외모적인 기준이 아니라, 흔들림 없는 삶을 말하는 것입니다. 믿지 않는 사람들이 그리스도인을 보면서 "어떻게 저 사람은 저렇게 흔들리지 않아? 어떻게 저렇게 선명한 기준을 가지고 살아갈 수 있지?" 하고 감탄할 수 있기를 바랍니다. 그러려면 우리는 이상이 아니라 하나님이 주신 비전을 붙잡아야 합니다.

두려워하지 말라 내가 너와 함께 함이라 놀라지 말라 나는 네 하나님이 됨이라 내가 너를 굳세게 하리라 참으로 너를 도와 주리라 참으로 나의 의로운 오른손으로 너를 붙들리라 (사 41:10).

내 이름을 경외하는 너희에게는 공의로운 해가 떠올라서 치

료하는 광선을 비추리니 너희가 나가서 외양간에서 나온 송
아지 같이 뛰리라(말 4:2).

하나님은 우리의 환경을 바꿔 주겠다고 말씀하지 않으십니
다. 다만 두려워하지 말라고 하십니다. 내가 너와 함께하겠다고
하십니다. 의로운 해가 떠올라서 내가 너를 치유하리라고 말씀
하십니다. 선명한 비전이 있는 사람은 탐욕을 이깁니다. 탐욕만
이기면 우리 삶은 굉장히 심플해집니다. 고민할 것이 별로 없습
니다. 그런데 탐욕 가운데 살면 굉장히 고민스럽습니다. 우리가
탐욕 때문에, 욕망과 욕심 때문에 삶이 무너지지 않으면 좋겠습
니다. 삶의 기준이 선명해져서 그 기준으로 살기를 바랍니다.

6 그때에 유다 자손이 길갈에 있는 여호수아에게 나아오고 그니스 사람 여분네의 아들 갈렙이 여호수아에게 말하되 여호와께서 가데스 바네아에서 나와 당신에게 대하여 하나님의 사람 모세에게 이르신 일을 당신이 아시는 바라

7 내 나이 사십 세에 여호와의 종 모세가 가데스 바네아에서 나를 보내어 이 땅을 정탐하게 하였으므로 내가 성실한 마음으로 그에게 보고하였고

8 나와 함께 올라갔던 내 형제들은 백성의 간담을 녹게 하였으나 나는 내 하나님 여호와께 충성하였으므로

9 그 날에 모세가 맹세하여 이르되 네가 내 하나님 여호와께 충성하였은즉 네 발로 밟는 땅은 영원히 너와 네 자손의 기업이 되리라 하였나이다

10 이제 보소서 여호와께서 이 말씀을 모세에게 이르신 때로부터 이스라엘이 광야에서 방황한 이 사십오 년 동안을 여호와께서 말씀하신 대로 나를 생존하게 하셨나이다 오늘 내가 팔십오 세로되

11 모세가 나를 보내던 날과 같이 오늘도 내가 여전히 강건하니 내 힘이 그 때나 지금이나 같아서 싸움에나 출입에 감당할 수 있으니

12 그 날에 여호와께서 말씀하신 이 산지를 지금 내게 주소서 당신도 그 날에 들으셨거니와 그 곳에는 아낙 사람이 있고 그 성읍들은 크고 견고할지라도 여호와께서 나와 함께 하시면 내가 여호와께서 말씀하신 대로 그들을 쫓아내리이다 하니

10. 비전이 있다면 뛰어드십시오

제가 《우리가 꿈꾸는 교회》라는 책을 쓴 후 어느 교회 집회에 초청을 받아 갔습니다. 같은 제목으로 집회를 마쳤는데, 그 후 교회에 문제가 생겼다는 소식을 들었습니다. 장로님들이 교회를 나가고, 목사님과 교인들 사이에 큰 갈등이 생겼다는 것입니다. 정말 당혹스러웠습니다. 교회에 유익을 끼치려고 부흥회를 했는데, 게다가 집회 제목이 "우리가 꿈꾸는 교회"였는데 이게 무슨 일인가 싶었습니다. 아마도 목사님이 꿈꾸는 교회와 교인이 꿈꾸는 교회 사이에 큰 괴리가 있었던 것 같습니다.

우리가 서로 비전에 관해 이야기를 하다 보면 어떤 비전은 좋게 들리지만, 또 어떤 비전은 허무맹랑한 소리로 들리기도 합니다. 이 둘의 차이는 무엇일까요? 저는 현실을 자각하고, 내 상태를 객관적으로 보는 시각의 유무가 아닐까 생각합니다. 물론 자신의 능력과 위치만을 가지고 현실을 인식하면 비전을 바라보기는커녕 무력감에 빠질지도 모릅니다. 따라서 비전을 바라볼 때는 내가 나를 객관적으로 바라보는 시각도 필요하고, 하나님이 자각하게 하시는 내 위치를 파악하는 것도 필요합니다. 이러한 인식에서 참다운 비전이 출발할 수 있습니다.

환상과 선명한 비전의 차이

성경 인물 중에는 하나님이 주시는 비전을 바라보고 믿음으로 나아간 인물들이 등장하는데, 그중 가장 대표적인 인물이 갈렙입니다. 갈렙은 현실 인식이 잘 되어 있는 사람이었습니다. 무엇보다 그는 스스로를 객관적으로 바라보는 시각과 하나님이 바라보시는 시각의 균형감각이 있었습니다.

> 10 이제 보소서 여호와께서 이 말씀을 모세에게 이르신 때로부터 이스라엘이 광야에서 방황한 이 사십오 년 동안을 여호와께서 말씀하신 대로 나를 생존하게 하셨나이다 오늘 내가 팔십오 세로되 11 모세가 나를 보내던 날과 같이 오늘도 내가 여전히 강건하니 내 힘이 그때나 지금이나 같아서 싸움에나 출입에 감당할 수 있으니 12 그날에 여호와께서 말씀하신 이 산지를 지금 내게 주소서 당신도 그날에 들으셨거니와 그곳에는 아낙 사람이 있고 그 성읍들은 크고 견고할지라도 여호와께서 나와 함께 하시면 내가 여호와께서 말씀하신 대로 그들을 쫓아내리이다 하니(수 14:10-12).

갈렙이 처음 하나님의 비전을 선포한 때로부터 45년이 흘렀습니다. 이미 그의 나이가 85세에 이르렀습니다. 누가 봐도 전쟁에 나가 싸워서 땅을 차지하리라고 생각할 수 없는 나이입니다. 그러나 갈렙은 앞으로 나아왔습니다. 자기 나이를 잠시 잊은 것이 아닙니다. 그는 스스로 "나는 85세의 나이로 늙은 사람입니다"라고 말합니다. 자기가 전장에 나가서 싸울 수 없는 나이라는 것쯤은 알고 있다는 말입니다. 그런데 그에게는 새로운 인식이 있었습니다. 하나님이 함께하시면, 하나님이 허락하시면 내가 그 땅에서 그 거민들을 쫓아낼 수 있다는 인식입니다. 이것은 그의 믿음이기도 합니다. 그리고 이 비전은 지금 이 순간 갑자기 들어온 것이 아니라 45년 전에 하나님이 주신 것이라 말합니다.

사실 이스라엘 백성은 가나안 땅에는 들어갔지만, 그것은 확실한 승리가 아니었습니다. 그들에게 비전은 단순히 가나안 땅에 들어가는 것에서 끝이 아니었습니다. 그곳 거민들을 쫓아내라는 것까지가 하나님의 말씀이었습니다. 하나님이 그렇게 말씀하신 데에는 다 이유가 있었습니다. 그런데 이스라엘 백성은 가나안 땅에는 들어갔지만, 그 땅에서 선명한 하나님의 비전을 붙들지 못했습니다.

사실 이스라엘은 출애굽기부터 여호수아서에 이르는 동안 수없이 많은 전쟁을 치렀고, 거기에서 수많은 기적을 보았지만 어느 순간에도 확실한 승리라고 말할 수 있는 것이 없었습니다. 잠시 승리를 맛보았을지 모르지만 그들은 늘 넘어지고 타락하고 하나님의 징계를 받았습니다. 가장 큰 문제는 광야를 벗어나 가나안으로 가는 목표는 있었지만 '선명한 비전'이 없었기 때문 아닐까요?

요즘 젊은이들과 교회가 능력을 많이 잃었다고들 합니다. 여러 이유가 있습니다. 하나님이 주시는 선명한 비전을 잃었기 때문입니다. 그들은 대신 '소확행'을 말합니다. 소소하지만 확실한 행복이라는 뜻입니다. 이 말에는 실제적이고 현실적인 뉘앙스가 깃들어 있습니다. 소확행을 추구하는 그들은 비전이라는 단어 자체를 내 마음대로 그리는 허황된 생각이라고 착각하는 것 같습니다. 그러나 비전이야말로 실제적이고 현실적인 것을 넘어서 하나님이 우리에게 주시는 믿음의 눈으로 보는 것을 말합니다. 어쩌면 우리 삶을 가장 강력하게 결단하게 만드는 것은 선명한 비전일 것입니다.

저는 스물아홉 나이에 유학을 갔습니다. 그때는 어쩌면 제 인생을 통틀어 경제적으로는 가장 어려웠던 시기였습니다. 미국 땅에서 복지 혜택을 받으면서 흔히 말하는 극빈자의 생활을 해야 했습니다. 그렇지만 내 인생에 가장 행복했던 시절이기도 했습니다. 가장 행복했던 시간은 학교 수업을 마치고 도서관에서 공부하다가 밤늦게 귀가해 아내와 둘이 마주앉아 커피를 마시는 시간이었습니다. 그때 우리는 대화를 나눴는데, 대부분 공부를 마치면 한국에 가서 어떤 목회를 하고 싶은지, 어떤 꿈이 있는지에 대한 내용이었습니다. 저를 더 행복하게 한 것은 제가 무슨 이야기를 하든 아내가 늘 장단을 맞춰 주었던 것입니다. 아내는 한 번도 "그런 엉뚱한 생각 하지 말고 공부나 해"라고 하지 않았습니다. "그래, 우리는 할 수 있어"라고 말해 줬습니다.

하나님이 지금 우리 인생에, 교회에 주시는 선명한 비전을 보고 있습니까? 우리에게 필요한 것은 눈앞에 닥친 난관을 극복하는 것이 아니라, 그것을 넘어 인도하시는 선명한 비전을 믿음의 눈으로 보는 것입니다. 우리 삶에 진짜 행복은 욕망을 이뤄 가는 순간이 아니라, 하나님이 우리 가슴에 불을 붙여 주신 선명한 비전을 현실로 끌어올 수 있는 순간이 아닐까요?

우리는 보통 가나안 땅을 '약속의 땅'이라고 말하지요. 그러나 분명하게 구별해야 할 것이 있습니다. 그 땅은 약속의 땅이 아니라 '약속하신 땅'이라고 말하는 것이 맞습니다. 약속하신 땅을 약속의 땅으로 만드는 것은 백성들의 몫입니다. 이것을 비전으로 바꿔 말해 봅시다. 하나님이 우리에게 선명한 비전을 보여 주시지요. 그런데 이것을 취해서 현실로 가져오는 것은 우리가 해야 할 일이라는 말입니다.

그러면 약속하신 땅을 어떻게 약속의 땅으로 만들까요? 온갖 우상이 난무하는 그 땅에 가서 이방 신들을 몰아내야 합니다. 그러려면 어떻게 해야 합니까? 갈렙이 가나안 땅의 거민들을 쫓아낼 수 있다고 자신 있게 말하며 나올 수 있었던 힘은 지난 40년 동안 하나님과 함께했기 때문입니다. 하나님 안에 거했기 때문입니다. 선명한 비전을 이루려면 '하나님의 함께하심'이 전제되어야 합니다. 그렇지 않으면 우리가 하는 일은 잠깐의 성공에 지나지 않을 것입니다.

이진희 목사님의 《가나안에 거하다》에 보면 이런 글이 있습니다.

"우리는 이스라엘 백성이 광야에서 불평불만, 불순종함으로 2년이면 갈 수 있었던 가나안을 40년이 걸려서 들어간 이야기는 주야장천 하지만, 가나안에서 실패한 이야기는 거의 하지 않는다. 이스라엘이 가나안에 들어간 것까지에 대해서만 이야기 한다. 우리의 관심이 어떻게 광야를 벗어나 가나안에 들어갈 수 있는가에 집중되어 있기 때문이다.

하나님이 함께하시지 않는 비전은 단지 환상에 불과합니다. 끝까지 선명한 비전을 붙잡지 못하는 한, 이들은 가나안 땅의 거민들처럼 내쫓기게 될 것입니다. 성경이 우리에게 말하는 것은 끝까지 하나님의 비전을 붙들라는 것입니다. 우리 신앙의 최후 승리는 선명하게 우리에게 주신 하나님의 약속을 끝까지 붙들고 갈 때 이룰 수 있습니다.

비전을 취하는 방법

우리는 이 선명한 비전을 어떻게 붙들 수 있을까요?

내 나이 사십 세에 여호와의 종 모세가 가데스 바네아에서 나를 보내어 이 땅을 정탐하게 하였으므로 내가 성실한 마음으로 그에게 보고하였고(수 14:7).

첫째, 보이는 것 너머 하나님이 주시는 확신이 있어야 합니다. 갈렙이 가데스 바네아에서의 정탐 후에 모세에게 "성실한 마음으로" 보고했다고 말합니다. 여기에서 '성실하게'를 NIV 성경에서는 '강한 신념' '확신'을 뜻하는 단어 'Conviction'을 썼습니다. 즉 갈렙은 눈에 보이는 모습이 아니라 하나님이 마음에 주셨던 확신을 가지고 보고했다는 말입니다.

지금 무엇을 바라보고 있습니까? 보이는 것이 비전이 아닙니다. 무엇을 바라보는가보다 중요한 것은 그것을 어떻게 바라보는가 하는 것입니다. 하나님이 주시는 확신으로 바라보는 것이 중요합니다. 그럴 때 그 확신이 인생의 선명한 비전이 됩니다.

그런데 우리는 때때로 하나님이 주시는 확신이 아니라 인간으로서의 욕망을 하나님의 비전으로 아름답게 포장하는 일이 있습니다. 그러면서 비전이 아닌 개인의 욕망을 이루려고 합니다. 이런 일은 하나님을 믿는다는 신앙의 공동체 가운데 나타나는 심각한 오류입니다. 우리가 정직하게 확신을 가지고 보아야 합니다. 하나님이 기뻐하시는 비전을 분명하게 바라봐야 합니다.

초대교회 성도들에게 가장 큰 명예가 무엇이었을까요? 바로 복음을 전하다가 순교하는 일이었습니다. 가룟 유다를 제외한 예수님의 열한 명의 제자 중 열 명이 이렇듯 명예롭게 순교합니다. 나머지 한 명이 누구였을까요? 사도 요한이었습니다. 사도 요한은 예수님이 십자가에 달리실 때 유일하게 그 옆자리를 지켰습니다. 다른 제자들은 다 도망갔지요. 예수님은 십자가 위에서 요한을 보시고 육신의 어머니 마리아를 부탁하십니다.

요한은 유언과 같았던 예수님의 부탁대로 마리아를 30년 동안 보살핍니다. 상상해 봅시다. 요한이 마리아를 보살피는 가운데 나머지 제자들이 능력 있게 복음을 전하는 이야기를 들었을 것이고, 순교 당하는 모습도 보았을 것입니다. 그때 요한은 무슨 생각을 했을까요? '아, 나도 저 자리에서 저들과 함께 복음을 전해야 하는데, 저들과 함께 죽어야 하는데, 그 명예가 내게도 있어야 하는데' 하지 않았을까요?

그러나 요한은 끝까지 예수님과의 약속을 지킵니다. 그런 요한이 쓴 성경이 무엇입니까? 요한일서, 이서, 삼서입니다. 주옥같은 편지지요. 저는 그런 생각이 듭니다. 만약 요한이 예수님과의 약속을 가슴에 담고 보냈던 30년이 없었다면 그가 저런 글을 쓸 수 있었을까? 요한이 하나님 앞에 끝까지 쓰임을 받을 수 있었던 이유는 주님이 마음에 주신 선명한 비전을 품었기 때문입니다.

비전의 사람은 하고 싶은 대로 움직이지 않고, 하나님이 주신 비전 때문에 절제하고 헌신할 줄 압니다. 어쩌면 요한에게 있어서는 30년 동안 약속을 지키며 사는 시간보다 능력 있게 복음을 전하다가 순교하는 것이 더 쉬웠을 것입니다. 그러나 하나님이 쓰시는 사람은 자기 하고 싶은 일을 위해 뛰쳐나가는 사람이 아닙니다. 하나님이 가슴에 선명하게 새겨 주신 비전을 품고 기다리며 준비하는 사람입니다. 지금 하고 있는 일이 비전을 이루는 일임을 확신하는 사람입니다. 우리 인생의 최선의 삶은 하나님이 보여 주신 일을 위해 말씀대로 살아가는 것입니다.

오늘도 우리는 주위에서 인생의 문제의 늪에서 허우적거리는 사람들을 만납니다. 그러나 그들을 누르는 것은 눈앞의 문제가 아닙니다. 그들의 문제는 비전이 결여되어 있다는 것입니다. 우리 교회가 꿈꿔야 하는 것은 하나님이 주시는 비전입니다. 지금 우리가 안고 있는 환경의 문제가 아니라, 이 교회를 통해 이루실 분명한 하나님의 계획을 미리 보는 것입니다.

우리의 사업과 자녀들이 보아야 하는 것이 바로 이 비전의 문제입니다. 야고보서 기자는 말하기를 "너희가 얻지 못함은 구하지 아니하기 때문이요"(약 4:2)라고 했습니다. 우리가 왜 구하지 않을까요? 보지 못하기 때문입니다. 이제 우리가 간구해야 할 것은 하나님의 눈으로 세상을 볼 수 있는 믿음을 갖게 해 달라는 것입니다. 환경의 장애 때문에 아직 보지 못한 것을 볼 수 있는 믿음을 달라고 기도하는 것입니다. 이것을 보기 시작할 때, 꿈꾸는 삶이 시작됩니다.

둘째, 우리가 품은 비전을 입으로 시인해야 합니다. 갈렙은 모세에게 확신을 가지고 '보고'했다고 합니다. 본 것을 그대로 전했다는 말입니다.

하나님이 우리에게 주신 비전을 외적으로 고백하는 것은 참으로 중요합니다. 제가 청년사역을 할 때 예배 시간에 설교만큼 중요하게 생각하고 애써서 만들던 것이 있습니다. '비전 셰어링'이라는 시간입니다. 설교 전에 담당 목사인 제가 청년들과 함께 비전을 나누는 것입니다. 그때 처음 이야기가 나온 것이 단기 선교였습니다. 저는 당시 청년들에게 아직 자립하지 못한 교회, 해외 교회 등에 단기 선교를 가자고, 제가 품었던 꿈을 이야기했습니다. 감사하게도 20여 년이 지난 지금까지도 청년부에서는 단기 선교가 활발하게 이루어지고 있습니다. 그런 모습을 볼 때마다 우리가 입을 열어 비전을 말로 꺼내 놓을 때 하나님이 얼마나 놀랍게 이루어 가시는지를 실감합니다.

저는 늘 '만나교회 성전'을 건축하고 어려움 가운데 은퇴하신 아버지의 모습이 떠오릅니다. 늘 아버지에 대한 불만이 있었습니다. 왜 저렇게 무리해서 목회를 하는지 이해하지 못했기 때문입니다. 저는 아버지와는 다른 생각을 가지고 있습니다. 그런데 지금 만나교회 목회를 하면서 나의 비전이 아닌 아버지의 비전이 이루어지고 있는 모습을 보고 있어요. 지금 제가 하고 있는 일들을 보니, 아버지의 비전의 터 위에서 사역이 이루어지고 있음을 부인하지 못하겠습니다.

청년들은 어떻게 이해할지 모르지만 우리 이전 세대들, 소위 지금 '꼰대' 소리를 듣고 있는 분들은 대한민국의 부흥과 산업화

시기를 살아가던 세대입니다. 그분들은 경쟁과 성장의 한복판에서 큰 교회와 부흥을 꿈꿨습니다. 그야말로 꿈을 꾸던 세대입니다. 그분들의 선명한 비전이 있었기 때문에 우리가 오늘 에어컨 바람이 시원하게 나오는 너른 예배당에서 매주 예배를 드릴 수 있는 것입니다. 그분들의 헌신이 지금의 풍요로운 시대를 만들었습니다.

물론 그들의 업적이 모두 옳았던 것은 아닙니다. 그러나 분명한 것은 그들이 꿈꿨기 때문에 우리도 지금 꿈꿀 수 있다는 것입니다. 지금 우리에게 하나님이 심어 주시는 비전. 선명하게 보여 주시는 그 비전을 마음에 품으십시오. 이루십시오. 그러면 다음세대가 같은 꿈을 꿀 것입니다. 이렇게 우리가 꿈을 꾸고 그 꿈을 이룰 수 있다는 것이 하나님이 우리에게 주신 가장 큰 축복이 아닐까요?

20년 전, 우리 교회는 비전 2020이라는 굉장히 큰 프로젝트를 시작했습니다. 그때 우리는 교인뿐 아니라 믿지 않는 지역 사람들까지 규모를 넓혀서 설문조사를 실시했습니다. 교인들은 교회에 대해 어떤 생각을 하는지, 앞으로 우리 교회는 어떻게 되어야 하는지, 우리 교회의 장점과 단점은 무엇인지 등의 내용이었습니다. 10년 후인 2015년에는 M비전이라고 하는 프로젝트를 준비했는데, 그때 우리가 10년 전에 실시했던 설문조사 결과를 보고 깜짝 놀랐습니다. 분명 10년 전에는 단점이라고 했던 부분들이 장점으로 바뀌어 있었습니다. 어떻게 이런 일이 있을 수 있을까, 우리는 서로 의견을 나눴습니다. 그때 모두가 한 목소리로 말했습니다.

"하나님이 하셨습니다."

우리가 리서치를 하고 꿈꿨다고 생각했는데, 결과를 보니 이건 하나님이 하신 일이었습니다. 우리가 비전을 입을 열어 꺼내놓는 것이 이렇게 중요합니다. 꺼내놓지 않으면 그 비전은 우리 것으로 가져올 수 없습니다. 우리의 선명한 비전을 서로 나누고 이야기하기를 바랍니다.

<u>셋째, 실패를 두려워 말고 믿음으로 행동해야 합니다.</u>

저는 쉬지 않고 꿈을 꿉니다. 만나교회 담임으로서 우리 교회가 한국 교회가 가지 않은 길을 먼저 가기를 꿈꿉니다. 그래서 후배들에게 교회가 가야 할 길을 알려주는 교회가 되기를 꿈꿉니다. 그러다 보니 힘든 일이 많습니다. 그런데 그게 가슴이 뜁니다. 하나님이 주신 비전이라는 확신이 있습니다.

만나교회는 주보가 없습니다. 세상에서도 지구를 살리자는 이야기를 하는데, 교회가 가만있을 수 없다는 생각이 들었고, 종이 주보 대신 교회 앱을 개발해서 사용하면 정말 많은 자원이 절약될 것 같다는 생각이 들었습니다. 감사하게도 교회가 이런 제안을 잘 받아들여 줬습니다. 그래서 지금 만나교회는 종이 주보 대신 교회 앱을 통해 예배 순서나 각종 정보들을 주고받고 있습니다. 그뿐만 아니라 만나교회는 모임을 하거나 행사를 진행할 때 일회용 컵을 사용하지 않습니다. 이것을 위해 텀블러를 제작해 교인들에게 나눠 준 적이 있습니다. 일반 카페에서도 종이컵 쓰는 양을 줄인다는데, 교회가 이런 일에 앞장서야겠다는 생각이 들었습니다.

사실 누구도 가지 않았던 길을 간다는 것은 참 두려운 일입니다. 그러나 갈렙은 믿음의 행동으로 비전을 이루었으며, 그 땅을 취했습니다. 우리가 비전을 행동으로 옮기지 못하는 이유는 실패의 위험을 무릅쓰려 하지 않는 데 있습니다. 실패하지 않으면 절대로 성공이 존재하지 않지요. 여기에서 말하는 성공은 세상에서 이야기하는 성공이 아닙니다. 또 실패란 '다 끝났다'가 아니라 '아, 이 방법이 아니구나'라는 한 가지를 더 배운 것일 뿐입니다.

제가 중직자들 훈련 프로그램이나 성경공부를 할 때면 자주 하는 말이 있습니다.

"사랑하는 여러분, 목회자들이 교회에서 어떤 일을 할 때, 실수를 용납해 주시기 바랍니다. 여러분이 실수를 용납하지 않는다면 우리는 아무것도 할 수 없을 것이고, 아무것도 시도하지 못하는 교회는 아무것도 이룰 수 없을 것입니다."

목회자들을 향하여는 이렇게 말합니다.

"무엇이든지 시도하십시오. 그리고 실패를 두려워하지 마십시오. 실패하지 않는 자는 성공하지도 못합니다. 비전이 있는 사람의 실패는 끝이 아닙니다. 단지 성공으로 나아가는 장애를 한 가지 제거한 것에 불과합니다."

민음이 있는 사람은 행동하는 것을 두려워하지 않습니다. 하나님이 주신 비전은 하나님이 이루실 것을 확신하기 때문입니다. 아직 때가 이르지 않았다면 하나님이 막으실 텐데 무엇이 두렵습니까? 늘 우리가 하나님의 음성에 신실하게 반응할 준비를 하고 있다면 어떤 행동을 취하는 것도 두려워할 이유가 없을 것입니다.

펭귄의 세계에는 '퍼스트 펭귄'이 있다고 합니다. 남극의 펭귄들이 물속에 들어가 고기를 잡아먹어야 하는데, 거기에 천적들이 있어서 못 들어가고 있으면 퍼스트 펭귄이 제일 먼저 물에 뛰어든답니다. 그러면 그다음 펭귄이 뒤따라 뛰어듭니다. 어쩌면 처음 들어간 펭귄은 천적의 먹잇감이 됐을지도 모르지요. 그러나 한 마리 펭귄 덕분에 모든 펭귄이 살 수 있습니다.

삶의 문제는 실패에 있는 것이 아니라, 시도하지 않는 것에 있습니다. 하나님이 우리에게 퍼스트 펭귄이 되라고 말씀하실 때 그 꿈을 향해 움직이십시오. 뛰어드십시오. 때로 실수하더라도 그 실수를 용납해 줄 수 있어야 교회입니다. 믿음의 행동을 따라 나아가는 비전 공동체는 절대로 실패하지 않습니다. 단지 실수할 뿐입니다. 우리 인생도 마찬가지입니다. 지금 광야를 걷고 있다고 해도 절대로 실패한 인생이 아닙니다. 하나님의 사람으로 훈련받고 있을 뿐입니다.

창세기 50장 20절

당신들은 나를 해하려 하였으나 하나님은 그것을 선으로 바꾸사
오늘과 같이 많은 백성의 생명을 구원하게 하시려 하셨나니

"우리 인생 최대의 자랑은 한 번도 실패하지 않은 것이 아니라 넘어질 때마다 다시 일어났다는 것입니다."

영국의 목회자이자 시인이었던 올리버 골드스미스(Oliver Goldsmith)가 한 말입니다. 우리는 나이와 성별을 불문하고 실패의 기억을 안고 살아갑니다. 그런데 그 실패의 기억이 때때로 인생의 중요한 결정을 해야 하는 시기에 발목을 잡곤 합니다. 우리는 왜 실패를 경험하는 걸까요? 그리스도인이라면 비전도, 성공도 성경적으로 해석해야 하는 것처럼, 과연 성경이 실패를 어떻게 다루고 있는지 또한 이야기해 볼 필요가 있어 보입니다.

고난의 때 해야 할 일이 있다

구약 성경에 나오는 인물 중에 '부당한 고난'을 생각하면 떠오르는 인물이 있습니다. 요셉입니다. 요셉은 야곱의 열한 번째 아들이지요. 어릴 때 형들에 의해 애굽으로 팔려갔다가 우여곡절 끝에 애굽의 총리가 되었습니다. 그런데 이상한 것은, 성경을 아무리 읽어 봐도 요셉은 그다지 고난당할 만한 일을 하지 않았습니다. 우리는 보통 현재 일의 원인을 과거에서 찾게 마련이지요. 그러다 보니 부당한 일을 당하면 '나는 이런 일을 당할 만한 나쁜 짓을 한 적이 없어' '왜 내게만 이런 일이 생기는 거지?' 하고 생각하곤 합니다. 받아들이지 못하는 것입니다.

그런데 요셉은 자신의 상황을 조금 다른 시각으로 받아들입니다. 자기를 고난으로 떠넘긴 형들, 인생 전체를 엉망으로 만든 그들을 오랜만에 만난 자리에서 이렇게 말합니다.

"형들은 내 인생을 해하려 했지만 하나님은 그것을 선으로 바꾸셨습니다. 그 일이 있었기 때문에 오늘 많은 백성을 구원할 수 있게 됐습니다."

요셉은 자신의 삶에 있었던 고난을 실패로 보지 않았습니다. 하나님의 구원 역사로 바라보고 있습니다. 그러고 나니 요셉의 삶에서 원수로 여겨지는 형들을 용납하게 되었고, 지금의 성공을 함께 나눌 수 있게 되었습니다.

요셉이 정말 대단한 것은, 그는 분명 부당한 상황, 실패의 상황에 에 있었음에도 한 번도 좌절하지 않았다는 것입니다. 오히려 성경은 그의 인생이 더 좋지 않은 환경으로 치달을 때마다 하나님이 함께하셨다고 증언하고 있습니다.

여호와께서 요셉과 함께 하시므로 그가 형통한 자가 되어 그의 주인 애굽 사람의 집에 있으니 (창 39:2).

지금 요셉은 보디발의 집에 노예로 팔려가 있는 상황입니다.

그런데 그런 요셉을 두고 뭐라고 합니까? '형통한 자가 되었다' 고 합니다.

이번에는 요셉이 옥에 갇힙니다. 이번에도 하나님은 요셉과 함께하셔서 그의 삶을 형통케 하십니다. 우리가 생각하는 실패 와는 전혀 다른 인생의 관점을 보여 주고 있습니다.

저는 개인적으로 '감동적'이라는 말을 좋아합니다. 특히 믿지 않는 사람이 그리스도인을 향해 "저 사람의 인생은 참 감동적이 야, 하나님을 믿어서 그런가?"라고 말한다면 얼마나 좋을까요? 그런데 요셉의 인생이 그렇습니다. 그야말로 '감동적인 인생'이 라 할 만합니다. 그의 삶은 탁월했습니다. 세상적인 정의와 기 준으로 이야기하는 것이 아닙니다. 그는 노예로 팔려갔지만 총 리가 되었습니다. 어떻게 그럴 수 있었을까요?

우리의 삶의 진가는 평상시에는 잘 드러나지 않습니다. 그러 나 피곤하고 지칠 때, 모든 사람이 힘들어하는 순간이 올 때 탁 월함이 드러납니다. 어느 누가 삶에 찾아오는 고난을 피할 수 있겠습니까? 그렇다면 그것을 감수하는 것도 결국 내 몫이 아닐 까요? 분명한 것은, 고난의 순간 불평만 하고 있으면 달라지는 것은 없습니다. 그러나 그 순간 우리가 해야 할 일을 하고 나면 마침내 내가 하고 싶은 일을 할 때가 찾아옵니다.

　요셉이 인생의 고난의 시간을 그저 흘려보내는 것 같지만, 사실 그는 하나님 앞에서 그가 해야 할 일을 했습니다. 요셉은 인생의 순간순간마다 하나님 앞에 섰습니다. 요셉의 관심은 늘 하나님이었습니다. 자신이 하나님 앞에 어떻게 보이느냐가 중요한 사람이었습니다. 그래서 그는 이유 없이 어려움을 당하고, 억울한 누명을 써도 감수할 수 있었습니다. 그의 모습을 보면 정말 바보처럼 고난을 당한다고 생각할지 모르지만 믿지 않는 주변의 사람들에게 감동을 주고 있었던 것을 알게 됩니다. 그리고 마침내 요셉은 탁월한 사람이 되었고, 하나님이 그 인생을 쓰셨습니다.

　요셉이 보디발의 집에 노예로 팔려갔을 때 그는 능력을 인정받습니다. 그래서 집안의 모든 사무를 볼 수 있는 사람이 되었습니다. 그런데 요셉에게 한 가지 가시 같은 존재가 있었습니다. 보디발의 아내였습니다. 그녀는 지치지도 않고 요셉을 유혹했습니다. 요셉은 늘 하나님 앞에 서 있는 사람이었기 때문에 유혹에 넘어가지 않았지만, 억울한 누명을 쓰게 됩니다. 요셉은 보디발의 아내를 뿌리치기 위해 겉옷을 벗어 두고 침실을 빠져나왔는데, 보디발의 아내는 요셉이 자신을 겁탈하려 했다고 거짓말을 한 것입니다.

　보디발은 어쩔 수 없이 요셉을 감옥에 가둡니다. 그런데 가만히 보면 요셉은 보디발의 마음에 신뢰를 주었던 것 같습니다.

만일 장군이 아내의 말을 믿었다면, 한낱 노예에 불과한 사람을 살려 두었겠습니까? 게다가 그가 갇힌 감옥은 아무나 들어가는 곳이 아니라, 정부의 고위 관리들이 잡혀 있는 곳이었습니다. 보디발이 요셉을 어떻게 대우했는지를 알게 됩니다. 비록 겉으로 드러난 것은 요셉을 감옥에 가두는 것이었지만, 이 일을 통해서 자신의 체면도 세우고, 집안의 수치도 감추고, 동시에 요셉을 보호하고 있었던 것이 아니었을까요? 그만큼 보디발은 요셉의 인생을 보면서 감동을 받았습니다. 누군가에게 감동을 주는 인생, 누군가의 마음을 움직이는 인생을 살았다는 것이 참 멋있습니다.

우리도 인생에 부당한 일이 생겼을 때, 감옥과 같은 고난이 찾아올 때 그 이면을 바라볼 줄 아는 눈이 있어야 합니다. 우리가 봐야 할 것은 고난 그 자체가 아닙니다. 그 고난을 통해 하나님이 가지고 계신 마음이 무엇인지를 봐야 합니다. 그럴 때 고난은 고난이 아닙니다. 요셉은 마치 지금 인생의 치명적인 실패의 순간을 지나고 있는 것처럼 보이지만, 하나님은 이 순간을 통해서 요셉에게 기회를 주고 계시는 것입니다.

요셉이 형들을 용서한 창세기 장면에 대해 아세아연합신학대학교 신성욱 설교학 교수는 이런 해석을 했습니다.

"우리가 보통 요셉을 이야기하면 부당한 고난을 받았을 때 형을 용서한 사람이라고 이야기하는데, 사실 요셉은 형을 용서한

적이 한 번도 없다. 왜냐하면 요셉은 형들을 미워하거나 원망
한 적이 없기 때문이다."

정말 그렇습니다. 요셉의 인생을 보면 상처와 미움과 원망이
삶을 지배하지 않습니다. 충분히 그럴 수 있는 삶이었는데도,
그는 형들을 향한 미움 대신 자신을 인도하시는 하나님의 손길
을 보며 살았던 사람이었습니다.

혹시 지금 고통 중에 있습니까? 누명을 쓰거나 억울한 일을
당했습니까? 하나님이 요셉을 통해서 우리에게 도전하십니다.
미움과 원망이 우리 삶을 지배하게 두지 말기 바랍니다. 스스로
나서서 그 문제를 해결하려고 애쓰지 않기를 바랍니다. 비록 미
움과 원망이 지배해도 이상하지 않을 상황이더라도, 그 안에서
하나님의 인도하심을 바라보기를 바랍니다. 내가 하나님의 택
한 백성이란 사실을 믿고, 세상과 타협하지 말고, 지금 일어나고
있는 이 부당한 상황이 실패가 아님을 믿기 바랍니다. 하나님이
분명 이 일을 선으로 바꾸실 것입니다.

부르심에 선명한 비전이 있다

후회 없는 인생을 살기 위해서 우리는 하나님 앞에 올바른 선
택을 해야 합니다. 삶은 선택의 연속이고, 결국 비전도 선택의

문제입니다.

그리스도인은 하나님의 선택을 받은 사람들입니다. 이것을 신학적으로 '주권'이라고 말합니다. 하나님의 주권적인 선택이 없었다면 우리는 예배당에 나가 예배를 드리는 것도, 기도와 찬양을 드리는 것도 할 수 없습니다. 그런데 이 과정에서는 또 한 번의 선택이 필요합니다. 바로 하나님의 선택을 받았을 때, 우리가 하나님께 응답하는 것입니다. 이것 역시 선택의 과정입니다. 그 부르심에 긍정할 것인지 부정할 것인지 선택할 수 있습니다.

이처럼 선택에는 두 가지가 있습니다. '부르시는 선택'과 '응답하는 선택'입니다. 이 두 가지를 잘 보여 주는 성경 구절이 있습니다.

… 내가 너를 지명하여 불렀나니 너는 내 것이라(사 43:1).

… 내가 여기 있나이다 나를 보내소서 하였더니(사 6:8).

요셉의 이야기로 돌아가 봅시다. 하나님이 요셉을 언제 선택하셨을까요? 그가 총리가 되었을때인가요? 아닙니다. 요셉이 노예가 되어서, 또는 감옥에 갇혀서 어렵고 힘들었던 때, 즉 고난의 시간을 지날 때 이미 요셉은 하나님의 선택 가운데 있었습니다.

모세가 민족의 지도자로서 하나님 앞에 선택받는 장면이 있습니다. 출애굽기 3장입니다. 그가 사람을 죽이고 광야로 숨어서 40년 동안 양치기로 있을 때, 하나님이 모세를 부르십니다. 여호수아를 선택하셨을 때는 어땠을까요? 여호수아는 자신의 리더이던 모세가 죽자 두려워 떨었습니다. 그런 여호수아에게 하나님이 "강하고 담대하라"고 말씀하시지요. 다윗은 어떨까요? 하나님이 다윗을 선택하셔서 기름부으신 것은 그가 왕으로서 잘 나가던 때가 아니었습니다. 무명의 신분으로 양을 치던 시절입니다. 형제로부터, 아버지로부터 무시를 받던 때였습니다.

가만히 보면 하나님이 누군가를 선택하실 때는 그 인생이 화려한 때가 아닌 것 같습니다. 세상적으로 봤을 때 가장 비참할 때, 가장 내세울 것이 없을 때 하나님은 그를 택하십니다. 왜일까요? 만약 누군가가 잘 나갈 때 하나님이 그를 선택하신다면, 그는 자기가 선택받은 이유를 '나의 어떠함' 때문이라고 생각할 수 있습니다. '내가 능력이 좋아서' '내가 예뻐서' '내 집안이 좋아서'라고 생각할 수 있다는 것입니다. 겸손할 수가 없습니다. 그러나 우리가 가진 것이 없으면 겸손해집니다. 겸손해야 하나님의 부르심이 들리고 보입니다.

인생의 깨짐을 경험했습니까? 아픈 상처가 있습니까? 저는 그런 사람이 하나님의 부르심을 더 선명하게 발견할 수 있을 것이라고 생각합니다. 지금 공부를 열심히 해도 성적이 안나오고, 친구들 중에 가장 연봉이 적은 직장을 다니고, 그마저도 취업을 못해 백수 신분이더라도 괜찮습니다. 하나님은 세상의 기준으로 우리의 어떠함을 판단하는 분이 아닙니다. 하나님은 자신의 힘으로 잘나가는 사람을 쓰시는 것이 아니라, 아직은 완성되지 못했고, 때로는 실패를 경험하여 하나님을 의지할 수밖에 없는 자, 하나님을 예배하고 거룩한 삶을 살고 있는 자를 부르십니다.

> 그러나 하나님께서 세상의 미련한 것들을 택하사 지혜 있는 자들을 부끄럽게 하려 하시고 세상의 약한 것들을 택하사 강한 것들을 부끄럽게 하려 하시며(고전 1:27).

문제는 우리가 어떤 삶을 선택하고 살아가느냐입니다. 하나님이 말씀하시는 미련함의 기준은 세상적 시각입니다. 누가 봐도 객관적인 시선에서 미련한 사람을 말합니다. 그런데 하나님이 쓰기를 원하시면 얼마든지 그 모양을 원하시는 대로 바꾸고 만드실 수 있습니다. 하나님이 부르실 때 내 능력을 보면서 할 수 없다고 말하는 것은 불신앙입니다. 이와는 반대로, 하나님의 부르심에 순종하지 않으며 자신의 지혜로 살아가려는 것은 교만한 모습의 또 다른 불신앙입니다.

그러므로 하나님의 선택은 전적으로 그분의 주권에 속한 것입니다. 오늘 하나님이 우리를 어떤 모양으로 택하시든지 그것은 하나님의 방법과 계획 속에 있습니다. 무엇보다 우리가 지금 있는 이 자리도 하나님의 부르심의 결과라는 사실을 부인해서는 안 됩니다. 그것만으로도 우리에게는 비전이 생깁니다.

저는 1999년, 서른여섯 살에 처음으로 책을 출판했습니다. 전혀 생각지도 않았던 사람을 통해 프리셉트라고 하는 출판사와 인연이 닿았습니다. 첫 책을 낼 때는 인세를 받지 않기로 했는데 참 많이 팔렸습니다. 지금 첫 책은 절판되어서 찾기 힘들지만, 그 후로도 저는 책을 많이 집필했고, 이제는 작가라는 타이틀도 얻었습니다. 때로는 후배들에게 책을 써 보라 권하기도 하고, 출판사에 소개하기도 합니다. 사실 첫 책을 낼 때만 해도 제가 이렇게 작가라고 불릴 줄 알았겠습니까? 그런데 하나님이 나를 그런 모양으로 부르셨습니다. 그 덕에 작가로서의 비전도 생겼습니다. 출판사에도 도움을 주고, 주변 후배들에게도 도움을 줄 수 있는 사람이 됐습니다. 무엇보다 교인들과 독자들에게 때마다 책 한 권씩을 읽으시라 권할 수 있으니 정말 감사한 일입니다.

이처럼 하나님의 선택은 우리에게 그분이 나를 어떻게 사용하실까에 대한 기대감을 가득 넘치게 합니다. 우리가 살아가는 데 기대가 사라지는 것처럼 불행한 일이 있을까요? 우리 인생에 가슴이 뛰는 일이 있다는 것, 선명한 비전이 가슴을 뛰게 한다는 것은 정말 큰 축복입니다. 문제는 그 선택에 대한 우리의 응답입니다. 어떤 사람은 내 안위와 생존의 기준에 따라 선택합니다. 그러나 우리는 하나님의 뜻을 따라, 그분의 부르심에 따라 선택해야 합니다.

생존인가 비전인가

하나님은 아브라함을 부르셨습니다. 그리고 "내가 지시하는 땅으로 가라"고 명령하셨습니다. 그래서 아브라함이 간 곳이 가나안 땅입니다. 그런데 그의 조카 롯을 보세요. 그는 하나님의 부르심에 따라서가 아니라 아브라함을 따라 가나안 땅으로 들어갑니다. 그 과정에서 많은 양과 가축들도 얻습니다. 놀랍지요. 하나님의 부르심을 받은 사람 옆에만 붙어 있어도 축복을 받습니다.

그런데 이 둘에게 선택의 순간이 닥칩니다. 너무 많은 축복을 받았는데, 그로 인해 롯의 사람과 아브라함의 사람들 사이에 싸움이 났습니다. 그게 하나님의 부르심을 받고 살아가는 아브라함의 눈에는 좋지 않게 보였습니다. 아브라함에게 더 큰 가치는 얼마나 많은 재산을 가지느냐보다 가정을 화목하고 아름답게 꾸미는 것에 있었기 때문입니다. 어느 날 아브라함이 롯을 불러 이렇게 이야기합니다.

"너와 나의 친족이 싸우는 것이 좋지 않다. 그러니 네가 먼저 땅을 선택해라. 그럼 나는 네 선택의 반대로 가겠다."

이 말을 들은 롯이 생각합니다. 그리고 눈을 들어 요단 지역을 봅니다. 그곳의 소돔과 고모라 땅을 보니 풍요로워 보였습니다. 물도 많고 풀도 많아서 가축을 기르기에 적합해 보였습니다. 결국 롯은 자기 삶의 생존을 위해 소돔과 고모라 땅을 선택

합니다. 성경 어디에도 롯의 선택에 하나님이 등장하시지 않습니다.

아브라함은 약속한 대로 롯과 정반대의 땅으로 갑니다. 그곳은 굉장히 황량한 곳이었습니다. 먹을 물고, 풀도 많지 않은 곳이었습니다. 그러나 그의 선택은 생존이 기준이 아니었습니다. 거기에는 하나님의 부르심, 선명한 비전이 있었습니다. 하나님이 원하시는 삶에 대한 믿음을 가지고 선택한 땅입니다.

"믿음이 없이는"이라는 찬양이 있습니다.

"주님, 제 마음이 너무 둔해서 주님을 볼 수 없습니다
이 땅에 속하여 이 땅만 보다가 주님 손을 놓쳤습니다
나는 나그네로 왔는데 왜 주저앉게 되었나
나는 청지기인데 언제부터 내 삶의 주인이 되어 버렸나
믿음이 없이는 기쁘시게 못하나니 고된 수고도 다 헛될 뿐이라
믿음이 없어서 무너진 삶의 모든 자리에
다시 주님을 기다립니다"

우리 삶의 선택에 중간은 없습니다. 믿음이 있지만 하나님과 별로 관계가 없는 무리 군중으로 살아가든지, 주님을 믿기 때문에 제자로 살아가든지 둘 중 하나를 선택해야 합니다. 생존을 위해 아름다운 땅을 선택했던 롯은 모든 것을 잃었습니다. 그러나 하나님의 영광을 위해 버려진 것을 선택했던 아브라함은 믿

음과 축복의 조상이 되었습니다. 이것이 성경이 이야기하는 비전 있는 삶의 원리입니다.

과연 생존과 비전 사이에서 무엇을 선택하겠습니까? 무엇이 우리 인생에 현명하고도 후회 없는 선택일까요? 우리의 선택과 결정은 한번으로 끝나지 않습니다. 계속해서 우리에게 요구되는 것이 있습니다. 그래서 제가 교인들에게 제안하는 것이 있습니다.

"당신의 영적 고도를 높이십시오!"

땅에 있을 때보다 산 정상에 있을 때 그 도시를 더욱 선명하게 볼 수 있는 것처럼, 우리가 영적 고도를 높여야 더 많은 것을 더 넓게 보고 올바른 선택을 할 수 있습니다. 물론 처음에는 감수해야 할 불편함이 있습니다. 그 시기가 지나면 삶의 상황을 위에서 내려다보는 여유가 생깁니다. 그럴 때 우리는 탁월한 선택을 할 수 있습니다. 그러나 영적 고도가 내려가면 눈앞에 보이는 안락함의 늪에서 헤어나지 못합니다. 이럴 때는 세상의 성공과 명예와 부가 탁월함이라 생각할 수 있습니다. 그럴 때 우리는 절대로 올바른 선택을 못 합니다. 생존을 따라 선택하게 됩니다. 그러나 어느 날 하나님이 우리를 버리신다면 그 세상의 부귀영화가 다 무슨 소용이겠습니까? 오늘 내 삶의 선택 기준이 무엇입니까? 생존입니까, 비전입니까? 이것은 우리가 늘 물으며 가야 하는 것입니다.

사실 우리가 결정의 순간에 정말 떨치기 힘든 것이 돈입니다.

돈처럼 무서운 것이 없지요. 생존과 직결되어 있습니다. 그런데 그 돈을 주시는 이가 하나님이시라는 것을 우리는 잊고 살 때가 많은 것 같습니다. 내가 하나님 앞에 선명한 비전의 삶을 살아갈 때, 하나님이 내 인생을 책임지십니다. 돈의 많고 적음에 대한 문제를 바라보기보다 하나님의 인도를 따라 살아가는 것이 복된 믿음입니다.

생존에 매달리지 않는 외로운 삶

생존에 매달리지 않는 사람에게 나타나는 특징이 있습니다. 헌신입니다. 그런데 헌신은 내가 원한다고 나오는 것이 아니라, 거룩하게 구별된 삶을 사는 자들에게서 자연스럽게 나오는 현상입니다. 마음 상태가 선명한 비전으로 세워져 있지 않은데 헌신하려고 하면 가식이 됩니다. 가식으로 헌신하는 사람은 곧 지치고 맙니다. 짜증이 납니다. 헌신하는 사람이 되려면 먼저 구별된 삶을 살기 바랍니다.

다니엘과 세 친구 사드락, 메삭, 아벳느고는 바벨론으로 끌려가지요. 그들은 굉장히 똑똑한 사람들이었습니다. 배운 게 많고 똑똑하니 바벨론에서 관료로 쓰려고 궁으로 데려간 것입니다. 그런데 문제는 그들이 왕 앞에 나아가기 전에 음식을 먹어야 했는데, 우상 앞에 바쳐진 제물이었습니다. 다니엘과 친구들은 "우리는 우상에게 바쳐진 음식은 먹지 않습니다" 하고 말합니다.

사람들이 얼마나 이상하게 봤겠습니까? 왕으로부터 선택되었다는 것은 가만히 있어도 인생의 장래가 보장된다는 말입니다. 3년만 지나면 왕이 시키는 일을 할 수 있는 정부의 고위직에 올라갈 수도 있습니다. 그리고 고기를 먹는 것이 먹지 않는 것보다 편하지 않겠습니까? 그런데 그들은 살아 계신 하나님께 자신의 인생을 맡긴 사람들이지 세상의 권력에 의지하는 사람들이 아니었습니다. 그러한 이유로 이들의 삶은 평범하지 않았습니다. 당시의 많은 엘리트가 걷는 길을 따라가지 않았습니다. 늘 예배하는 사람, 왕보다 자신들이 믿는 하나님을 두려워하는 이들을 사람들이 주목하기 시작합니다. 이건 좋은 의미가 아닙니다. '너 어떻게 되나 한번 보자' 하는 마음으로 지켜본 것입니다. 한마디로 '왕따'가 된 것입니다.

우리가 이 세상에서 비전의 사람으로 살아갈 때는 때때로 왕따가 됩니다. 세상이 이해할 수 없기 때문에 그렇습니다. 그런데 구분을 잘해야 합니다. 삶의 가치가 달라서 왕따가 되는 것은 내가 잘못 생활해서 남에게 미운털이 박히는 것과는 아주 다른 차원의 문제입니다. 아울러서 세상과 아주 동떨어진 이상한 인간이 되라는 말도 아닙니다. 세상의 가치를 뛰어넘는 일을 하기 때문에, 비전을 가지고 살아가기 때문에 자연스럽게 외로워지는 것입니다.

A. W. 토저(Tozer)가 이런 말을 했습니다.

"이 세상의 위대한 사람들은 대부분 외로웠다. 외로움이란 성도가 자신의 성스러움을 위해 지불해야 하는 대가인 것 같다."

사람들에게 왕따를 당해도 하나님을 믿는 믿음의 가치를 이야기할 수 있는 사람들이 세상에 섰으면 좋겠습니다. 그동안 한국 교회는 자신감을 너무 많이 잃어버렸습니다. 사회 각계각층에 선명한 비전을 가진 그리스도인이 잘 보이지 않습니다. 하나님이 주시는 선명한 비전을 가지고 기꺼이 왕따가 될 수 있는 사람들이 필요합니다. 세상이 주목해 볼 수 있는 사람이 필요합니다.

다니엘과 세 친구는 금 신상에 절하라는 왕의 명령을 거부했기에 드러났습니다. 사람들이 그들을 주목해 봤습니다.

'도대체 이들이 누구이기에 왕이 주는 음식을 거부하는가? 절대 권력자인 바벨론의 느부갓네살 왕의 서슬 시퍼런 명령을 거부하는가?'

이들에게 위기가 찾아옵니다. 왕 앞에 끌려가 취조를 당합니다.

… 사드락, 메삭, 아벳느고야 너희가 내 신을 섬기지 아니하며 내가 세운 금 신상에게 절하지 아니한다 하니 사실이냐(단 3:14).

하나님의 사람에게 세상이 '헌신'을 시험하고 있습니다. 신상에 엎드려 절할 기회를 주겠노라고 이들을 회유하기 시작합니다. 믿는 사람이라면 누구나 겪는 일입니다. 이 순간 이들의 머릿속에는 많은 생각이 교차했을 것입니다. 결국 이 현실의 기로에서 결단을 내려야 하는 것은 우리 자신입니다. 결단의 몫은 결국 나에게 있습니다.

우리가 분명하게 알아야 하는 것은 결단에는 값이 지불되어야 한다는 것입니다. 다니엘의 세 친구에게 있어서 헌신의 결단에 대한 값 지불은 풀무불에 던져지는 것이었습니다. 설령 하나님이 자신들을 구원하지 않으실지라도 그들은 하나님에 대한 선택을 포기하지 않았습니다. 놀라운 사실은 이들의 결단으로 인하여 지존하신 하나님의 영광이 드러나게 되었다는 것입니다. 이들은 풀무불에 던져졌지만 구원을 받았습니다. 이 일로 주변 믿지 않는 사람들이 살아 계신 하나님을 고백하게 되었습니다.

이것이 비전 있는 사람이 헌신해야 하는 이유입니다. 이것이 바로 비전 있는 사람들이 생존에 매달리지 않는 이유입니다. 그리고 우리는 하나님을 알지 못하는 자들의 입술을 통해 이런 고백을 듣게 될 것입니다.

28 느부갓네살이 말하여 이르되 사드락과 메삭과 아벳느고의 하나님을 찬송할지로다 그가 그의 천사를 보내사 자기를 의뢰하고 그들의 몸을 바쳐 왕의 명령을 거역하고 그 하나님 밖에

는 다른 신을 섬기지 아니하며 그에게 절하지 아니한 종들을 구원하셨도다 ²⁹ 그러므로 내가 이제 조서를 내리노니 각 백성과 각 나라와 각 언어를 말하는 자가 모두 사드락과 메삭과 아벳느고의 하나님께 경솔히 말하거든 그 몸을 쪼개고 그 집을 거름터로 삼을지니 이는 이같이 사람을 구원할 다른 신이 없음이니라 하더라(단 3:28-29).

우리의 헌신은 하나님에 대한 전적인 신뢰에서 나옵니다. 다니엘의 세 친구가 죽음까지도 불사했던 이유는 포기가 아니라 하나님에 대한 분명한 신뢰가 있었기 때문입니다.

우리 인생이 요셉과 같기를 바랍니다. 다니엘의 세 친구와 같기를 바랍니다. 세상을 감동시키는 사람, 세상이 주목해 보는 사람, 하나님의 은혜를 보여 줄 수 있는 사람이 되기를, 그래서 세상이 하나님을 찬양하게 하는 인생이 되기를 바랍니다. 그러기 위해선 우리 가슴에 선명한 비전이 새겨져야 합니다. 생존이 아닌 비전을 선택해야 합니다. 우리 모두의 삶이 가슴 뛰는 인생이 되기를 간절히 축원합니다.

Part 4

다시, 벽을 허무는 사랑으로

16 하나님이 세상을 이처럼 사랑하사 독생자를 주셨으니 이는 그
   를 믿는 자마다 멸망하지 않고 영생을 얻게 하려 하심이라

17 하나님이 그 아들을 세상에 보내신 것은 세상을 심판하려 하
   심이 아니요 그로 말미암아 세상이 구원을 받게 하려 하심
   이라

12. 교회의 힘은 사랑뿐입니다

가끔 설교를 마치고 나면 교인들로부터 "목사님은 어느 편이세요?" 하는 질문을 받을 때가 있습니다. 처음에는 이게 무슨 말인가 싶었는데, 알고 보니 제 정치색을 물어보는 질문이었습니다.

요즘은 사회가 이쪽저쪽으로 편이 나뉘어서 서로 같은 생각을 가지지 않은 사람들을 '적'으로 여기는 것 같습니다. 이 사회가 강퍅해져 가는 이유 가운데 하나가 바로 서로의 편을 나누는 진영논리가 아닐까라는 생각을 합니다. 그러나 우리 주님은 이 땅에 교회를 세우시고, 아주 새로운 논리를 가르쳐 주셨습니다. 교회는 우리 편을 위해 존재하는 것이 아니라, 하나님이 사랑하시는 세상에서 도구로 쓰임 받아야 한다는 것입니다.

2018년 출간한《치열한 도전》에서 제가 '깍두기 같은 교회'를 이야기한 적이 있습니다. 요즘엔 '깍두기'라는 말을 잘 사용하지 않지만, 우리 세대 때는 친구들과 모여 놀이를 하면서 종종 사용하곤 했습니다. 보통 놀이를 하면 양쪽으로 편을 나누지요. 그러다 보면 한 명이 남기도 하고, 때로는 나이가 어리거나 놀이를 하기에 조금 부족한 친구가 있을 수 있습니다. 그러면 그 친구에게 주어지는 역할이 깍두기입니다. 깍두기는 양쪽 편에 다 소속됩니다. 그래서 딱히 적도 없고 도전 횟수도 남들의 두 배를 부여받습니다. 조금 부족한 친구도 소외시키지 않고 함께 놀이하고자 했던 배려였습니다. 제가 교회론에 관한 책을 쓰는데, 하나님의 교회가 깍두기 같은 존재면 좋겠다는 생각이 들었습니다. 어떤 편에 들어가 이기려고 하기보다는, 조금 부족한 사람들을 품을 수 있는 곳. 그런 교회가 된다면 어떨까요?

교회는, 교인은 누구 편에 서서는 안 됩니다. 세상 진영 논리에 휩쓸려서는 안 됩니다. 우리는 하나님의 도구로 쓰임받기 위해 존재한다는 사실을 잊어서는 안 됩니다.

영혼을 사랑하는 공동체가 된다는 것

《마지막 수업》에서 이어령 씨가 생전에 하신 말씀 중 이런 내용이 있습니다.

"에너미(Enemy)는 안 돼. 라이벌(Rival)이어야지. 라이벌의 어원이 '리버(River)'야. 강물을 사이에 두고 윗동네 아랫동네가 서로 사이가 나빠. 그런데도 같은 물을 먹잖아. 그 물이 마르고 독이 있으면 동네 사람이 다 죽으니, 미워도 협력을 해. 에너미는 상대가 죽어야 내가 살지만, 라이벌은 상대를 죽이면 나도 죽어. 상대가 있어야 내가 발전하지. 같이 있는 거야. 그게 디지로그 정신이야. 기업도 마찬가지라네. 대기업과 중소기업, 벤처는

에너미가 아니라 라이벌이야. 큰 조직은 작은 조직의 모험 정
신을, 작은 조직은 큰 조직의 시스템을 배우며 수시로 모이고
흩어지기를 반복해야 해. … 어느 조직이든 이쪽과 저쪽의 사
이를 좋게 하는 사람이 있다면 그 조직은 망하지 않아. 개발부
와 영업부, 두 부서를 오가며 서로의 요구와 불만을 살살 풀어
주며 다리 놓는 사람. 그 사람이 인재고 리더야. 리더라면 그런
'사잇꾼'이 되어야 하네. 큰 소리치고 이간질하는 '사기꾼'이 아
니라 여기저기 오가며 함께 뛰는 '사잇꾼'이 돼야 해"

위 글을 읽으면서 교회가 어떤 모습으로 존재해야 하는지를
생각하게 됩니다. 우리는 인생을 살면서 남을 정죄하고 질책하
기는 쉽지만, 용납하고 사랑하기는 쉽지 않다는 것을 잘 압니
다. 교회와 가정을 보세요. 언제부터인가 정죄와 책임 전가가
넘쳐나고 있지 않나요? 사랑하므로 감싸 주고 용납하는 그런 공
동체가 될 수는 없을까요?

교회는 영혼을 사랑하는 공동체가 되어야 합니다. 세상을 향
한 사랑을 많이 표현하는 사람들이 모이는 공동체가 되어야 합
니다. 왜냐하면 그것이 하나님이 교회를 세우신 분명한 이유이
기 때문입니다. 그래서 저는 만나교회 교인들이 영혼을 사랑하
기 때문에 모이기를 꿈꿉니다.

마가복음 2장에는 그 틈바구니에서 중풍 병에 걸린 친구를
데려오는 사람들 이야기가 나옵니다. 사실 이날은 사람이 너무

많아서 도저히 침상에 친구를 둘러메고 갈 수 있는 상황이 아니었습니다. 그들은 결국 지붕을 뚫고 내려가야 했습니다. 주님은 고쳐 주시리라는 확신, 결코 버림받지 않을 것이라는 확신이 있었기 때문이 아닙니까? 이때 예수님은 그 친구를 고쳐 주십니다. 그 모습을 성경은 이렇게 표현합니다.

예수님께서 그들의 믿음을 보시고 중풍병자에게 이르시되 작은 자야 내 죄사함을 받았느니라(막 2:5).

중풍병자가 지금껏 하나님을 잘 믿던 사람이었을까요? 은혜를 경험하던 사람이었을까요? 아직은 아니었습니다. 그는 아직 헌신된 그리스도인이 아니었습니다. 당시 주님 앞에 나온 사람들은 어쩌면 우리가 생각하는 만큼의 자격이 없던 사람이었을지도 모릅니다. 다시 말하면 그들은 주님의 사랑이 너무도 필요한 사람들, 사랑에 굶주린 사람들, 주님의 용서가 필요한 사람들이었습니다. 예수님은 그런 사람들에게 다가가신 것입니다.

르완다에서 사역하던 이상훈 선교사가 만나교회에 와서 간증한 적이 있습니다. 당시 우간다는 내전으로 정부군과 반군 사이에 전쟁이 이어지던 때였습니다. 그때 반군이 병사를 길러 내는 전략으로, 마을에서 어린 아이들을 잡아다가 훈련을 시켰답니다. 어릴 때부터 반군으로서 살인 무기를 만들었던 것입니다. 그런데 그때 이 선교사님이 사역하는 마을에 한 아이가 반군에게 끌려갔다가 탈출해서 마을로 돌아오게 됐습니다. 가족들이 얼마나 기뻤을까요. 아이는 이제 가족과 함께 늘 행복한 시간을 보낼 일만 남은 것 같았습니다.

하루는 이 아이가 동생과 함께 밭일을 나갔습니다. 그런데 동생이 일을 안하고 쉬고 있자 아이가 물었습니다.

"너는 왜 일 안 하니?"

그러자 동생이 이렇게 답했답니다.

"I am tired(나는 지쳤어)."

그 소리를 듣자마자 아이가 낫으로 동생의 목을 베어 버렸습니다. 그리고 동네에 와서 자초지종을 이야기했습니다. 자기가 반군 소속으로 전쟁터에 있을 때 아이들이 함께 행군하며 옮겨 다녔는데, 그때 힘들어 지친 아이들이 더 이상 가지 못하고 'I am tired!'라고 말하면 그 자리에서 죽였다고 합니다. 이 아이에게 'I am tired'는 'I want to die(죽고싶다)'라는 말이었던 것입니다. 어릴 때부터 사람을 죽이는 훈련을 하면 인간이 얼마나 잔인해질 수 있는지 단편적으로 알 수 있는 이야기였습니다.

반군은 여자들을 납치해서 성노리개로 삼곤 했는데, 그때 잡혀간 여인들이 돌아오면 아빠가 누군지도 모르는 아이를 낳기도 한답니다. 그러면 동네에서는 이 여인들을 아무도 환영하지 않기에 아기도 여인도 굶어 죽어 간답니다. 그런 여인들을 돕기 위해 그들이 머무는 땅에 목숨 걸고 들어가는 사람들이 있습니다. 형제를 죽이고 서로 증오하며 힘들게 살아가는 사람이 있는 곳을 찾는 이들. 바로 그리스도인입니다. 이상훈 선교사도 그중 한 명이었습니다. 그분이 한 말 중에 기억에 남는 말이 있습니다.

"목사님, 여기에 이들을 불쌍하게 여기고 이들을 위해 일하는 사람들은 그리스도인밖에 없습니다."

우리는 진정으로 영혼을 사랑하는 사람들이 되어야 합니다. 그런 사람들이 모이는 곳이 교회가 되어야 합니다.

성경에 보면 예수님 주위에는 많은 무리가 따랐다고 되어 있습니다. 예수님이 십자가를 지러 예루살렘으로 올라가시기 전까지 허다한 무리가 예수님 주위에 있었습니다. 왜냐하면 예수님이 그들의 영혼을 사랑하셨기 때문입니다.

28 예수께서 이 말씀을 마치시매 무리들이 그의 가르치심에 놀라니 29 이는 그 가르치시는 것이 권위 있는 자와 같고 그들의 서기관들과 같지 아니함일러라(마 7:28-29).

예수님을 따르던 무리가 예수님이 가르치시는 것을 봤습니다. 그런데 그분의 가르침이 서기관들, 바리새인이나 율법학자들과 달랐다고 합니다. 무엇이 달랐던 것일까요? 예수님에게는 영혼을 사랑하는 마음이 있었습니다. 그것이 예수님의 권위를 드러냈습니다.

이 시대 한국 교회의 가장 큰 영향력은 무엇일까요? 권위란 우리가 어떤 위대한 일, 많은 일을 하느냐에 있지 않습니다. 교회가 영혼을 사랑하고 그 영혼들을 돌보며 무엇을 하는가를 보여줄 때 가장 영향력 있는 공동체가 될 것이라 믿습니다.

영혼을 사랑하는 데 방해가 되는 것들

영혼을 사랑하는 데 방해되는 것이 있습니다. 첫째, 소비자적인 생각(Consumer Mentality)입니다. 소비자들은 물건을 살 때 어떤 생각을 할까요? 그 물건이 내게 만족을 줘야 합니다. 이게 소비자 심리입니다.

우리가 매주 교회에 갑니다. 어떤 마음으로 갑니까? 영혼을 사랑하는 마음으로 갑니까? 아니면 내 만족을 위해서, 소비자적인 생각으로 갑니까? 하나님의 마음이 우리 가운데 있습니까? 이 질문에 자유로울 수 있는 사람은 몇 명 안 될 것입니다. 저 역시 무엇을 하든 내 만족을 생각하게 됩니다. 우리 만나교회 교인들도 이 공동체를 찾은 이유가 내 결핍이 채워지기를 바라는 마음 때문 아니었을까요? 그러나 이런 소비자적인 생각을 가지고 있으면 문제가 생깁니다. 만약 무언가가 기대에 미치지 못했을 때, 만족감을 충분히 채우지 못했을 때 우리는 분노할 수 있고, 서로를 헐뜯을 수 있습니다. 이런 일들은 영혼 사랑과는 관계가 없습니다. 공동체에 있어서 큰 걸림돌이 될 수 있습니다.

하나님의 사람으로서 가장 능력 있는 삶은, 자신의 만족을 채우는 것이 아니라, 누군가의 삶을 변화시킬 수 있는 영향력을 발휘하는 것입니다. 누군가의 영혼을 위해 얼마나 어려움을 자초해 보셨습니까? 얼마나 많은 희생을 감수해 보셨습니까? 스카이 제서니(Skye Jethani)의 《예수님의 진심》에 보면 '하나님은 사랑이심이라'라는 말이 가지는 진정한 의미에 대하여 이렇게 설명하고 있습니다.

> "현대인들은 '사랑' 하면 애틋하고 달콤한 감정을 떠올린다. 우리는 사랑을 부드러운 감정으로 생각한다. 그래서 우리는 원수를 사랑하라는 예수님의 명령을 제대로 이해할 수 없다. 원수를 보며 애틋하고 달콤한 감정을 끌어올린다고 생각해 보라. 예수님의 명령을 이해하기 위해서는 먼저 사랑을 바라보는 우리의 시각을 교정해야 한다.
> 예수님이 원하시는 사랑은 감정 이상의 것을 필요로 한다. 바로, 의지를 동원해야 한다. 진짜 사랑은 우리가 통제할 수 없는 감정이 아니라 상대방을 위한 행동이다. 사랑은 상대방에게 유익한 행동을 하는 것이다. 심지어 상대방이 그 행동을 거부해도 끝까지 그 행동을 하는 것이다."

하나님이 우리를 사랑하신다는 것은 감정을 넘어선 의지이고, 결단과 행동입니다. 우리가 영혼을 사랑한다고 할 때는 로

멘틱한 의미의 사랑이 아니라 의지적인 행동과 결단이 포함된 것입니다. 저는 우리 한국 교회가 이렇게 영혼을 사랑하는 공동체가 되기를 꿈꿉니다.

제가 유학을 가기 전 한국에 유명하고 큰 교회들을 방문할 기회가 있었습니다. 그때 아이들이 두 살, 네 살이었는데, 그 아이들을 데리고 주일마다 돌아가면서 예배에 참석했습니다. 그런데 어느 곳도 아이를 데리고 본당에 들어가는 것을 허락해 주지 않았습니다. 흔히 우리가 생각하는 예배의 경건함, 거룩함 같은 것들을 지켜야 한다는 생각이 있었을 때이니 그러려니 했습니다. 어느 교회는 본당에 들어갈 수 있다기에 아이들을 데리고 들어가 얌전히 예배를 드렸습니다. 그런데 예배가 진행될수록 아이들이 점점 지루해했습니다. 그럴 때 주려고 과자를 몇 개 챙겨 갔는데, 그때 입에서 과자 소리가 '바삭' 하고 나던 순간을 제가 잊지 못합니다. 그 큰 예배당에 모였던 사람들의 시선이 일제히 저희에게 와서 꽂혔습니다. 얼마나 마음이 어려웠는지 모릅니다.

그때 그런 생각을 했습니다. 거룩한 예배, 경건한 시간도 참 좋지만, 예배에 갈급한 마음으로 찾아오는 사람들을 위해 불편함을 감수할 수 있는 교회가 된다면 얼마나 좋을까요. 그래서 저는 만나교회 담임목사가 되고 나서 본당에 아이를 데리고 들어가는 사람들을 절대 막지 말라고 장로님들께 부탁했습니다. 물론 유아예배실이 있기야 하지만, 본당에 들어와서 예배를 드리고자 하는 그 부모의 갈급함이 무엇인지 알고 있기 때문입니다.

어떤 어른들은 이런 말도 합니다.

"청년들 말이에요. 어떻게 예배 시간에 커피를 들고 들어옵니까? 목사님, 제발 청년들에게 커피 들고 들어오지 않도록 광고 좀 해 주세요."

또 어떤 장로님은 그럽니다.

"젊은 청년들 옷차림에 신경 써야 할 것 같습니다. 교회 올 때 민소매 옷은 입고 오면 안 되지요. 그런 것을 좀 가르쳐 주세요."

그래서 제가 그랬습니다.

"민소매 옷 예쁘게 챙겨 입고, 오면서 커피도 한 잔 사고 예배 시간 맞춰서 찾아오는 게 얼마나 귀합니까? 온몸에 문신을 했든, 코에 피어싱을 했든 그럼에도 예배 드리려고 나오는 발걸음이 얼마나 귀합니까? 내 눈에 좋지 않게 보일 뿐이에요. 겉모습만 보고 판단하지 마시고, 사랑하는 눈으로 바라봐 주세요."

영혼을 사랑하는 데 방해가 되는 두 번째는, 용납하지 못하는 마음입니다. 용납하지 못한다는 게 뭘까요? 내가 가지고 있는 신념, 신앙이 있어서 나와 다른 것은 받아들이지 않겠다는 태도입니다. 그러나 영혼을 사랑한다는 것은 내가 가지고 있는 신념에도 불구하고 용납할 수 있다는 말입니다.

예수님이 그러셨습니다. 예수님은 처음부터 죄인들의 삶을 바꾸려고 하지 않으셨습니다. 그들의 죄를 조목조목 따지지 않으셨습니다. 단지 그들에게 다가가셨습니다. 그런데 놀랍게도 그들이 주님을 만나는 순간 삶의 방식이 바뀌었습니다. 세리 마태를 부르실 때도 그랬습니다. 예수님이 마태를 부르셨을 때 그는 변화된 상태가 아니었습니다. 그는 세리의 자리에 앉아 있었습니다. 그런데 예수님이 그를 부르자 그가 예수님을 따랐습니다. 변화된 것입니다.

그런데 여기에서 우리가 반드시 기억해야 할 것이 있습니다. 용납과 승인은 다른 차원의 문제라는 것입니다. 용납은 결코 옳지 못한 행동을 승인하라는 말이 아닙니다. 예수님은 죄인들을 용납하신 것이지 그들의 죄를 승인하신 것이 아닙니다. 예수님은 그들에게 다가가 말씀하셨습니다.

"다시는 죄를 짓지 말아라."

용납은 내가 가진 신념을 포기하는 것이 아닙니다. 신앙의 원칙들을 포기해서는 안 됩니다. 그럼에도 내가 그 사람을 용납할 수 있다는 것은 그 영혼을 향한 사랑입니다.

지금 미국에서는 감리교단과 장로교단에서 동성 결혼을 허용할 것이냐 말 것이냐를 두고 첨예하게 대립하고 있습니다. 또 한쪽에서는 동성애자에게 목사 안수를 주느냐 안 주느냐로 논쟁이 일어나고 교회가 갈라지는 상황입니다. 아마도 얼마 안 있어 한국 교회에도 그런 상황이 올 것입니다.

칙필에이라는 미국 내 아주 유명한 샌드위치 프랜차이즈가 있습니다. 그 회사의 회장 댄 캐티(Dan Cathy)는 아주 독실한 그리스도인인데, 공개적으로 동성애를 반대하고 나섰습니다. 결혼이란 한 남자와 한 여자의 결합이라고 선포한 것이지요. 이 일로 미국 사회에서 칙필에이 불매 운동이 일어났습니다. 그런데 댄 캐티는 칙필에이를 저항하고 자신을 저격하는 사람들에게 아무런 이야기도 하지 않습니다. 그뿐만 아니라 칙필에이를 아주 강하게 비판하던 셰인 윈드마이어(Shane Windmeyer)라고 하는 동성애자가 있는데, 그 사람과도 아주 친하게 지냅니다. 셰인 윈드마이어가 어느 날 인터뷰 기사에서 이런 이야기를 했습니다.

"그는 처음부터 끝까지 친절하고 열린 태도를 유지했다. 그는 칙필에이의 이름으로 무례한 대우를 받았다는 사람들의 이야기를 들을 때마다 진심으로 안타까워했다. 단, 그는 결혼에 관한 자신의 진정한 신념에 대해서는 어떤 변명도 하지 않았다."

하나님이 우리에게 주신 명백한 신앙의 기준이 있습니다. 복음의 진리가 있습니다. 이것은 우리 삶에서 흩어져서는 안 됩니다. 분명히 붙들어야 하는 것이지요. 그러나 그 복음의 진리를 붙들지 못하고 살아가는 영혼들을 바라보는 우리의 눈은 사랑의 시선이 되어야 합니다. 그러지 않는다면 그것은 예수님이 이 땅에 오셔서 행하셨던 일과는 상관 없는 일이 되어 버립니다.

저는 목사지만, 요즘 교회를 보면서 무서울 때가 많습니다. 어떻게 저렇게 세상에 대항하여 증오를 드러낼 수 있을까, 어떻게 저렇게 세상 사람들에 대하여 막말을 할 수 있을까. 나 역시 하나님이 부르셨을 때는 죄인의 모습이었습니다. 하나님은 "우리가 아직 죄인 되었을 때에"(롬 5:8) 우리를 부셨다고 하셨습니다. 그런데 죄인이라 여기는 사람들에 대해 우리는 어떤 태도를 갖고 있습니까? 《예수님의 진심》에서 스카이 제서니는 "크리스천은 눈앞에 짜증나는 인간을 사랑한다"고 말합니다. 설령 사랑하는 것이 어렵다면, 사랑하려고 노력이라도 해야 하지 않을까요? 저는 그게 그리스도인, 하나님이 부르신 공동체라고 믿습니다.

어거스틴은 "교회는 병원과 같은 곳이다"라고 정의했습니다. 교회는 영적으로 병들어 있는 사람들을 위해 존재하는 곳입니다. 만일 병원에서 환자가 너무 피를 많이 흘려서 침상을 더럽힐까 봐 받지 못하겠다고 한다면 병원의 사명을 다하지 못하는 것입니다. 그런데 언제부터인가 교회가 교회를 오염시킨다는 이유로 죄인들을 들어오지 못하게 막습니다. 그들을 향해 적대적인 태도를 취하고 있습니다. 지금 뭔가가 잘못되어도 한참 잘못되어 가고 있습니다.

어떤 교회 청년부 목사님과 교사들이 자랑거리라면서 이런 말을 했답니다.

"우리 교회 청소년부에는 술 마시고 담배 피우는 청소년들이 하나도 없습니다."

과연 이것이 교회의 본질일까요? 제가 교회에 흡연실을 만들겠다고 했다가 곤욕을 치렀습니다. 만나교회 교인이 아닌 사람들까지 몰려와 교회 앞에서 시위를 했습니다. 교회에 흡연실이 웬말이냐는 것입니다. 제가 흡연실을 만들겠다고 한 이유가 흡연을 권장하기 위한 것이었을까요? 만나교회는 흡연실이 있고, 그 안에도 예배 실황이 중계됩니다. 제가 이렇게 한 이유는 담배가 복음을 전하는 일에 방해가 되어서는 안 된다는 마음에서였습니다. 복음이 전해지면 그 영혼에 변화가 올 것이라는 믿음에서였습니다. 만나교회는 지금도 흡연자 비흡연자를 나누지 않고 환영합니다. 담배를 환영하는 것이 아닙니다. 지금은 비록 담배를 끊지 못했지만, 그럼에도 복음을 듣고자 하는 한 영혼을 사랑하는 마음으로 환영하는 것입니다.

마약이라고 다를까요? 요즘 한국 사회에 마약이 굉장히 큰 이슈입니다. 어쩌면 우리가 예배를 드리는 순간, 같은 예배당에 어제 마약에 취했던 사람이 있을지 모릅니다. 그렇다고 그를 교회에서 쫓아낼 수 있습니까? 예수님이라면 어떻게 했을까요? 그들을 변화시킬 수 있는 것은 오직 복음뿐입니다. 그 영혼을 어루만지고 위로하고 변화시킬 수 있는 분은 주님뿐입니다. 그뿐만이 아닙니다. 많은 교회가 '신천지 금지'를 내겁니다. 만나교회는 그렇게 하지 않습니다. 그들의 교리를 승인하겠다는 것이 아닙니다. 다만 복음의 능력을 믿기 때문에 용납하는 것입니다. 복음에 능력이 있기 때문입니다. 이단들이 교회에 와서 예배를 드리다가 변할 수 있다는 확신이 있기 때문입니다.

제가 이런 이야기를 하면 어떤 분들은 그럴지 모르겠습니다.

"그렇게 말하는 목사님은 원수까지 사랑합니까?"

사실 저 역시 이런 질문 앞에서 떳떳할 수는 없습니다. 저라고 저와 다른 사람들을 사랑하는 것이 쉽겠습니까? 그럼에도 하나님이 함께하시는 교회, 복음의 능력이 있는 공동체를 만들어 가야 하기에 용납하려고 노력하는 것입니다.

헨리 나우웬(Henri Nouwen)이 이런 말을 했다고 합니다.

"제 자신도 실천하지 못하는 사랑을 가르치고 있을 때에 용납해 주십시오. 언젠가는 가르치는 사랑을 행할 날이 올지도 모르기 때문입니다. 사람은 실패해도 사랑은 결코 실패하지 않기 때문입니다. 하나님의 사랑에는 실패가 없기 때문입니다."

사랑은 가장 큰 능력입니다. 가장 큰 행복 원리입니다. 사랑은 모든 것을 움직이시는 하나님의 영원한 불변의 원리입니다.

영혼을 사랑하는 교회

언젠가 신학교 집회를 갔는데, 그 학교 장로님이 제게 그런 이야기를 해 줬습니다.

"목사님, 우리 학교는 총장님도 이사장님도 목사님이고 장로님입니다. 그런데 수십 년 동안 우리 학교는 한 번도 싸움이 멈춘 적이 없습니다. 늘 싸웁니다. 하나님을 믿는 사람으로 넘쳐나는 이 학교에 하나님의 법이 통하지 않습니다."

리처드 마우(Richard J. Mouw)가 《무례한 기독교》라는 책에서 이런 말을 했습니다.

"무리가 가지고 있는 확신으로 인하여 다른 사람에게 무례할 필요는 없습니다."

하나님을 믿는다고 하면서 영혼을 사랑하는 마음이 없을 때, 우리는 종교인이 되어 버리고 맙니다. 내가 가지고 있는 원칙을 지키기 위해서 누군가를 힘들게 하고 무례히 행하고 마음에 상처를 주는 사람이 되는 것입니다. 지금 우리가 그렇지 않습니까?

종종 그리스도인들이 너무나 이기적이라는 생각을 합니다. 자신의 신앙을 위해 다른 사람의 인격을 너무 쉽게 무시합니다. 하나님을 믿는다고 하면서 하나님의 이름으로 참 무례하게 행하고 있지는 않습니까? 하나님은 하나님의 이름으로 우리 이웃을, 한 영혼을 따뜻하게 감싸 주기를 바라시지 않을까요? 과연 교회를 건축하기 위해 법을 어길 때 하나님이 기뻐하실까요? 교회가 물질적인 축복을 받는다고 자랑할 때, 그 교회 때문에 피해를 보는 사람이 있다면 과연 하나님이 기뻐하실까요? 우리가 개인적인 삶에서 축복이라 여기는 일들이 과연 다른 사람의 삶, 영혼을 바라보며 함께 기뻐할 수 있는 일들입니까?

교회의 능력은 물질적인 축복에 있는 것이 아닙니다. 때로 물질을 포기해도 영혼을 사랑할 수 있는 강력한 사랑이 있음을 알아야 합니다. 영혼 사랑을 위해 물질적인 것들을 포기할 준비가 되어 있는지 묻고 싶습니다. 우리 교회가 그런 교회가 되었는지를 묻고 싶습니다.

우리의 믿음과 신앙 때문에 영혼을 극렬히 여기는 공동체와 신앙인이 되기를 바랍니다. 하나님을 믿는다는 거룩함이 다른 사람들을 향한 고압적인 자세가 되거나, 자신의 과실을 정당화하는 도구로 사용되지 않기를 바랍니다. 영혼을 사랑하는 것만큼 거룩한 일은 없습니다.

교회의 가장 큰 힘은 영혼을 사랑하는 것입니다. 예수님이 그 사랑 때문에 십자가에서 흘리신 피가 얼마나 큰 영향력을 끼치고 있는지 아십니까? 종교인들이, 종교꾼들이 무력으로 세상을 차지할 수는 있으나 변화시킬 능력은 없습니다. 그리스도의 사랑은 무력한 것처럼 보일지 모르지만 변화의 능력이 있습니다.

저는 우리 만나교회가 사랑 때문에 사람들이 모이는 교회가 되기를 꿈꿉니다. 어떤 프로그램 때문에, 사람 때문에 찾는 교회가 아니라, "거기 가면 우리 영혼이 살아나는 게 느껴져" "하나님이 나를 품에 안아 주시는 게 느껴져"라는 간증이 쏟아지기를 간절히 바랍니다.

42 그들이 사도의 가르침을 받아 서로 교제하고 떡을 떼며 오로지 기도하기를 힘쓰니라

43 사람마다 두려워하는데 사도들로 말미암아 기사와 표적이 많이 나타나니

44 믿는 사람이 다 함께 있어 모든 물건을 서로 통용하고

45 또 재산과 소유를 팔아 각 사람의 필요를 따라 나눠 주며

46 날마다 마음을 같이하여 성전에 모이기를 힘쓰고 집에서 떡을 떼며 기쁨과 순전한 마음으로 음식을 먹고

47 하나님을 찬미하며 또 온 백성에게 칭송을 받으니 주께서 구원받는 사람을 날마다 더하게 하시니라

13. 새 공동체는 사랑하고 기뻐합니다

우리가 꿈꾸는 교회를 이야기하면서 초대교회 이야기를 참 많이 했습니다. 우리는 초대교회로 돌아가야 합니다. 초대교회 공동체가 세상에 강력한 도전을 주었던 것은, 그들이 세상에 속해 살았지만 세상 사람들처럼 살지 않았다는 것입니다. 그들은 나그네의 정체성을 가지고 살았습니다. 그들은 세상과 전혀 다른 가치를 가지고 살았습니다. 그들은 교회를 부흥시키기 위해 애쓴 사람들이 아니라, 진정한 그리스도인의 가치를 실현하고 살았던 사람들이었습니다.

저 역시 그런 교회를 꿈꿉니다. 그래서 만나교회는 맥추감사헌금은 전통적으로 이주민들, 그리고 고아와 과부들을 돌보는 일에 사용합니다. 왜 우리의 자원을 이웃을 위해 사용해야 할까요? 왜 우리는 월드휴먼브리지와 같은 단체를 만들어 거기에 헌신해야 할까요? 우리는 세상과 동일한 방식으로 살지 않는 사람들이어야 하기 때문에 그렇습니다. 우리가 매 주일 교회에 나와 예배 드리는 이유는 세상의 방식으로 살지 않겠다는 믿음의 고백입니다.

우리는 세상에 속했지만 세상에 속하지 않은, 세상과는 다른 공동체가 되어야 합니다. 우리가 오늘 하나님께 예배 드리면서 세상과 동일한 모습으로 산다면 어떤 영향력도 끼치지 못하겠지요. 그렇다면 교회가 세상에 줄 수 있는 진정한 도전은 무엇일까요? 교회가 가지고 있는 진정한 가치는 무엇일까요?

복음을 발견하며 시작하는 공동체

제가 만나교회 담임목사가 되던 시절 분당지역 교회를 향해 '별들의 전쟁'이라는 말이 유행처럼 떠돌았습니다. 칭찬의 의미로 들릴 수도 있는 말이지요. 워낙 유명하고 좋은 목사님들이 목회도 잘하고 설교도 잘한다는 의미에서 말입니다.

하지만 제 생각에 이러한 교회의 상황은 교인들에게는 천국인지 몰라도 목회자들에게는 그야말로 전쟁터입니다. 분당 지역 사람들이 참 신사적입니다. 교회에 문제가 생겨도 서로 잘 싸우지 않습니다. 싸울 이유가 없습니다. 그냥 이웃에 있는 좋은 교회로 가면 되니 말입니다.

이러한 상황 가운데서 교회가 성장하고 부흥한다는 것이 얼마나 힘든 일이겠습니까? 교회가 세상과 경쟁하는 것이 아니라, 다른 교회와 경쟁해야 하니 말입니다. 그러던 중 저에게 찾아온 물음이 있었습니다. 이웃 교회와 경쟁하기 위해 애쓰는 모습에서, 과연 하나님이 기뻐하시는 교회의 모습이 있는가? 과연 우리 교회가 올바른 방향으로 가고 있는 것이 맞는가? 늘 속도보다는 방향이 중요하다고 이야기하면서 우리 교회는 바람직한 공동체를 향해 가고 있는가?

저는 가끔 그런 생각이 듭니다. 제가 하는 설교가 참 이율배반적이라는 것입니다. 저는 늘 흩어지는 교회를 말합니다. 그러나 정작 성도들이 너무 쉽게 교회를 옮기는 모습을 보면 안타까운 마음이 듭니다. 사실 교회는 그렇게 쉽게 옮기면 안 되는 곳입니다. 교회는 어머니와 같아야 합니다. 나를 품어 주고 낳아 주고 그래서 조금 갈등이 있고 힘들지만 그것을 피해서 떠나지 않고 이겨 내야 하는 것입니다. 그래서 마치 우리가 지치고 힘들 때 고향을 찾는 것처럼, 우리 영혼의 고향이 되어야 합니다. 결혼을 하고 자식을 낳는다면 신앙과 함께 그 신앙의 터전, 교회를 함께 물려줄 수 있어야 합니다.

우리가 교회를 떠날 때는 갈등을 피해서가 아니라, 문제가 생겨서가 아니라 사명이 주어졌을 때입니다. 떠나야 할 이유가 분명하다면, 사명이 주어졌다면 언제든지 떠날 수 있는 곳이 또한 교회입니다. 교인들에게 교회에 대한 분명한 인식이 바르게 잡혀 있어야 하나님 앞에 아름다운 공동체를 세워 나갈 수 있을 것입니다.

우리는 그동안 부흥이라는 이야기를 참 많이 했습니다. 초대교회 공동체는 많이 부흥했지요. 그런데 성경 어디를 봐도 초대교회 사도들이 부흥을 위해서 어떤 교회를 디자인했다는 말이 없습니다. 다만 그들이 바람직한 교회의 모습을 보일 때 하나님이 그 공동체의 구원받는 숫자를 늘리셨습니다. 저는 이 땅의 교회가 그런 공동체가 되기를 바랍니다.

그러면 이 초대교회에 드러났던 공동체의 모습은 어땠을까요? 그들은 사도의 가르침을 받았습니다.

그들이 사도의 가르침을 받아 서로 교제하고 떡을 떼며 오로지 기도하기를 힘쓰니라(행 2:42).

이 부분에서 '힘쓰니라'를 NIV 성경에서는 'Devote'로 번역했습니다. '헌신했다'는 뜻입니다. 그러니까 당시 사람들은 사도들의 가르침을 받는 일에 최선을 다했다는 말입니다. 이처럼 초대교회, 칭송받았던 공동체의 시작은 말씀을 배우는 일에 기초했습니다.

오늘날 교회의 가장 큰 문제는 자의적 해석과 자의적 신앙이라고 생각합니다. 말씀에 기초하지 않은 자신의 생각이, 말씀에 기초하지 않은 자신의 주장이 하나님의 말씀을 앞서기 시작할 때 문제가 발생합니다.

사도들의 가르침은 아주 명쾌했습니다. 예수를 믿고 회개하라는 것이요, 예수 이름 이외에는 그 어떤 이름으로도 구원받을 수 없다는 것입니다.

그러므로 너희가 회개하고 돌이켜 너희 죄 없이 함을 받으라 이같이 하면 새롭게 되는 날이 주 앞으로부터 이를 것이요(행 3:19).

다른 이로써는 구원을 받을 수 없나니 천하 사람 중에 구원을
받을 만한 다른 이름을 우리에게 주신 일이 없음이라 하였더라
(행 4:12).

복음을 복잡하게 만들면, 이 복잡한 교리 가운데서 정죄가 생
깁니다. 나와 다르면 쉽게 정죄하는 것입니다.

초대교회를 영어로 '가톨릭처치(Catholic Church)'라고 합니다.
가톨릭은 천주교 구교와 신교를 구분하는 말이 아니라, '보편적
(Universal)'이라는 의미가 있습니다. 초대교회는 예루살렘에도 있
고 헬라 문화권에도 있고 각 지역에 흩어져 있었는데, 이것을 모
두 '보편적 교회'라고 부른 것입니다. 거기에는 '예수님을 주로
고백하는 교회'라는 의미도 있습니다. 즉 예수님을 주로 고백하
면 보편적 교회라고 정의한 것입니다.

그런데 지금의 교회를 보세요. 수많은 교파와 교단으로 나뉘
어 있습니다. 예수 그리스도를 고백하는 방식이 달라지자 교파
와 교단으로 나눈 것입니다. 서로 교리가 다르고 추구하는 게
다르면 갈등이 생깁니다. 네가 틀렸고 내가 맞다고 주장하기 바
쁩니다. 같은 하나님을 믿고 같은 예수님을 고백하는데 왜 서로
가 서로를 포용하지 못할까요. 중세시대에는 심지어 예배를 드
릴 때 여자가 단추 달린 옷을 입느냐 마느냐에 따라 교단이 갈렸
습니다. 그뿐만이 아닙니다. 교회에서 악기를 쓰느냐 쓰지 않느
냐, 십자가를 거느냐 마느냐로도 교파가 갈라졌습니다.

과연 이게 맞는 걸까요? 사도들의 가르침은 그렇지 않습니다. 그런 의미에서 교회 공동체가 예수 믿는 형제와 자매를 서로 이해하고 포용하는 것은 너무도 중요한 일입니다.

복음을 전한다고 하는 것은 내 신앙의 모습을 따라오라고 강요하는 것이 아니라, 하나님의 사람이 되도록 선포하는 것입니다. 교회는 교파를 강조하는 것도, 개교회를 강조하는 것도 아니고 그리스도인이 됨을 강조하는 곳입니다.

내가 복음을 부끄러워하지 아니하노니 이 복음은 모든 믿는 자에게 구원을 주시는 하나님의 능력이 됨이라 먼저는 유대인에게요 그리고 헬라인에게로다(롬 1:16).

당시에 바울이 복음을 전하는 데 제일 큰 걸림돌이 있었습니다. 할례의 문제였습니다. '과연 할례를 받아야만 예수를 믿을 수 있는 것인가, 아니면 할례를 받지 않아도 되는가?'는 정말 큰 문제였습니다. 그때 예루살렘 공의회에서는 '할례가 복음의 걸림돌이 될 수 없다'고 결정합니다. 이것이 사도들의 가르침에 근거했던 초대교회의 모습이었습니다. 그들은 '내가 옳으니 나처럼 믿어야 한다'고 강조하지도 않았고, '너와 내가 생각과 뜻이 다르니 갈라지자' 하지도 않았습니다. 그들은 오직 복음을 추구했습니다. 오직 예수 그리스도를 닮아 가는 일에만 전력을 다했습니다.

새로운 관계를 형성해 나간 공동체

사도들의 가르침을 받아 새롭게 된 공동체에는 새로운 관계가 형성됩니다. 그들은 오로지 기도에 힘쓰는 교회, 떡을 떼며 교제하는 공동체였습니다. 즉 필연적으로 새로운 인간관계가 형성되었다는 말입니다.

초대교회 공동체는 오로지 기도에 힘썼다고 합니다. 기도에 힘쓰기 위해서 가장 필요한 것이 무엇일까요? 우리에게 동일하게 주어진 시간이 아닐까요? 우리가 하나님과 교제하기 원한다면 특별히 기도를 위해 구별된 시간이 있어야 한다고 생각합니다. 문제는 그 시간을 구별하는 것이 각자에게 어떤 의미인가입니다.

목회에 너무 열심을 내다 보니 기도할 시간이 없다는 사실을 발견하곤 합니다. 굉장히 아이러니한 일입니다. 기도할 시간이 없다는 말은 제 목회가 어느 순간부터인가 하나님의 일이 아닌 사람의 일로 바뀌고 있다는 경고등이었습니다. 그래서 언젠가 새벽 예배를 드리고는 결심을 하고 방에 들어왔습니다. 오늘부터는 시간을 정해 놓고 기도하고 성경을 읽는 시간을 가져야겠다 했습니다.

그날 새벽, 방에서 묵상하며 후안 카를로스 오르티즈의 책을 읽었습니다. 그 책의 처음은 이렇게 시작합니다.

"기도가 당신에게 지루한 노동이 되지 않도록 하십시오."

무척 도전적인 말입니다. 우리에게서 기도가 의무감으로 느껴지기 시작하는 순간부터 기도는 우리에게 기쁨이 아니라 지겨운 노동이 될 수 있다는 것입니다. 생각해 봤습니다. 과연 내가 하나님을 만나는 시간이 어떤 의미를 가지고 있는가?

목회를 하면서부터 습관이 하나 생겼습니다. 예배 시작 전에 앞자리에 앉으면 하나님께 깊게 기도합니다. 보통 "하나님, 오늘 이 예배 가운데 함께해 주시고, 저를 도와주세요" 하는 기도입니다. 이 기도가 제게는 습관처럼 남아 있었습니다. 이 시간이 내게 참 복된 시간이었습니다.

오스왈드 챔버스의 《주님은 나의 최고봉》 10월 17일 자에 보면 이런 글이 있습니다.

"기도는 더 위대한 사역들을 위해 우리를 준비시키는 것이 아닙니다. 기도 자체가 더 위대한 사역입니다. 그런데 우리는 기도를 하나님의 사역을 위한 준비나 고차원적인 능력을 상식의 차원에서 행사하는 것으로 생각합니다."

무엇인가를 위한 준비 기도를 하는 게 잘못이라는 말이 아닙니다. 그런데 그 기도가 준비를 위한 기도가 되면 우리에게 기쁨으로 다가오지 않습니다. 기도는 그 자체만으로 우리를 위대하게 만들고, 우리 사역을 위대하게 만듭니다. 우리가 기도 그 자체만으로 즐거움을 누렸으면 좋겠습니다. 기도를 통해 기쁨을 경험하기를 바랍니다. 우리에게 꼭 무슨 일이 있어서 기도하는 것이 아니라 '하나님, 이 기도가 나에게 참 복됩니다'라고 고백할 수 있기를 바랍니다.

초대교회는 떡을 나누고 교제했습니다. '교제하며 떡을 뗀다'는 것은 간단히 말하면 놀면서 먹는다는 말입니다. 그런데 함께 놀고 먹는 일이 결코 쉽지 않습니다. 마음에 들지 않는 사람과 어쩌다 한 번은 같이 밥을 먹을 수 있지만, 매주, 혹은 매일 하라고 하면 할 수 있을까요? 그런데 놀랍게도 우리가 서로 교제하며 떡을 뗄 때 굉장한 일이 벌어집니다.

제가 대학원에 다니던 시절 아내와 연애를 시작했는데, 시작은 밥을 같이 먹으면서부터입니다. 같은 학년으로 같은 과에 다니면서 한 번도 말을 해 본 적이 없습니다. 그런데 대학원에 진학하면서 아내에게 관심이 가기 시작했고 자연스럽게 점심을 같이 먹게 되었습니다. 같이 밥을 먹으면서 생긴 의미 있는 관계가 평생 같이 밥을 먹는 관계가 된 것이지요. 보십시오. 우리 교회의 공동체가 함께 모여서 밥을 먹으면서 놀 수 있을 때 얼마나 굉장한 일이 벌어지는지 말입니다. 이 관계를 통해 얼마나 놀라운 일들이 일어날 수 있는지를 기대해 보기 바랍니다.

아주 중요한 사실이 있습니다. 함께 떡을 떼기 위해서는 상대방에 대한 배려가 필연적이라는 것입니다. 특히 현대 사회에서, 이렇게 다원화되고 다양한 메뉴가 있는 세상에서 사는 우리에게 있어서 함께 밥을 먹는다는 것은 나의 선호를 포기하는 일이고, 다른 사람을 배려하는 일입니다. 그런데 함께 먹다 보면 의미 있는 관계가 됩니다. 함께 먹으며 친밀한 관계를 유지하기 시작하면 점점 갈등의 폭이 좁아지게 될 것입니다.

사실 무얼 먹을까는 관계의 친밀함 가운데서 해결됩니다. 함께 나누어 먹을 수 있는 관계가 형성되면 때로는 내가 원하는 것을 포기하고 또 배려하기도 합니다. 누군가의 마음을 얻으려면 때로는 희생이 필요합니다. 이렇게 공동체의 관계가 서로의 즐거움을 나눌 수 있는 공동체로 발전하는 것에 대한 꿈을 꾸십시오. 바로 우리 교회에서 이런 일이 일어날 수 있었으면 좋겠습니다. 함께 떡을 떼기 위해 나의 감정을 제어할 수 있고, 떡을 떼다가 어색한 관계들이 회복될 수 있는 교회, 정말 교회를 다니는 것이, 하나님의 자녀를 만나는 것이 즐겁고 복된 일이 되는 교회가 되기를 소원합니다.

새로운 공동체에서 일어나는 일들

새롭게 만들어진 공동체에서 일어나는 일들이 있습니다.

사람마다 두려워하는데 사도들로 말미암아 기사와 표적이 많

하나님의 역사가 일어나는 것입니다. 다시 말하면 성령님이 활동하는 교회가 되는 것입니다. 성령님은 무질서한 곳에서, 시기와 다툼과 미움이 있는 곳에서 역사하지 않으십니다. 성령님의 역사가 일어날 준비가 된 곳에서 기사와 표적이 일어납니다.

사도행전 2장의 새로운 공동체가 형성되고 난 후, 베드로와 요한이 처음으로 행한 일이 있습니다. 성전 미문에서 구걸하던 앉은뱅이를 일으킨 사건이지요. 베드로는 그들에게 "내게 은과 금이 없어 네게 줄 것은 없지만, '나사렛 예수의 이름으로' 일어나서 걸어라"라고 명했고, 앉은뱅이가 그 자리에서 고침받는 기적이 일어났습니다.

새로운 공동체는 하나님이 하실 일들을 기대하는 공동체입니다. 세상 사람들이 초대교회에 일어나는 기사와 표적을 보면서 두려워했다고 합니다. 우리가 보통 놀라우신 하나님을 표현할 때 '위대하신(Awesome)'이란 수식어를 붙입니다. 감히 하나님 앞에 나설 수 없도록 두려움을 주시는 하나님, 감히 세상 사람들이 대적하지 못하는 하나님을 표현합니다.

성령님은 성령님의 방식으로 일하십니다. 사실 현대에는 기사와 표적이 일어나지 않는 것같이 느껴집니다. 초대교회의 놀라우신 하나님이 지금은 일하시지 않는 걸까요? 그게 아니라, 우리가 이해하지 못하는 일이 허다합니다. 새로운 공동체에서 하나님을 먼저 생각하고, 그분의 의를 생각하며 살아가면 세상을 두렵게 하는 일들이 일어날 것입니다.

세상을 두렵게 하는 또 하나의 일은 사람들에 대한 사랑으로 나타납니다. 누구도 할 수 없는 일, 이기적인 인간에게서는 나타날 수 없는 일, 그런 일들이 일어나는 것입니다.

> 10 사랑은 여기 있으니 우리가 하나님을 사랑한 것이 아니요 하나님이 우리를 사랑하사 우리 죄를 속하기 위하여 화목제물로 그 아들을 보내셨음이라 11 사랑하는 자들아 하나님이 이같이 우리를 사랑하셨은즉 우리도 서로 사랑하는 것이 마땅하도다 (요일 4:10-11).

새로운 공동체에서 나타나는 사랑은 나 중심적인 사랑의 표현이 아니라 상대방의 필요를 따라 내 것을 나눠주는 방식으로 나타납니다. 더 놀라운 일은 이때에 '순전함과 기쁨'이 존재한다는 것입니다. 이것이야말로 새로운 공동체의 가장 큰 특징 중에 하나입니다.

새로운 공동체 이전에는 규범과 율법이 지배했습니다. 그러나 새로운 공동체는 섬김과 헌신이 강요에 의해서가 아니라 기쁨의 사역이 되었다는 말입니다. 오늘 우리의 신앙생활이 누군가에 의해 강요된다면 기쁨이 있겠습니까? 초대교회에도 자원하여 종 되는 일들이 일어났다고 합니다. 우리에게 주신 자유를 육체대로가 아니라 오직 사랑으로 서로 종노릇했다고 합니다. 율법은 우리에게 늘 '하지 말라'고 가르칩니다. 선을 행했을 때 찾아오는 기쁨보다는 선을 행하지 않았을 때의 형벌과 불이익을 강조합니다. 이런 선행에는 기쁨을 찾을 수 없습니다. 헌금을 하는 많은 교인들 가운데 드리지 못함으로 인한 불이익을 생각한다면, 하나님의 심판을 생각한다면 얼마나 불행합니까? 가진 것에 대한 감사의 고백, 드린 것에 대한 축복이 있을 때 참된 드림이 되는 것이 아니겠습니까?

우리의 삶이, 신앙생활이 기쁘고 즐거우면 좋겠습니다. 그리스도인들의 행복지수가 높아지면 좋겠습니다. 교회를 섬기는 일이 왜 피곤하고 힘들지 않겠습니까? 하지만 그것보다 더 큰 기쁨을 주시는 하나님의 은혜가 넘치기를 바랍니다. 분명한 것은 하나님이 우리 삶에 걸고 있는 기대가 있다는 것입니다. 우리의 선행은 결코 우리를 피곤하게 하지 않고, 기쁨과 순전함을 가져다 줄 것입니다.

마땅히 행해야 하는 일들, 마땅히 따라가야 하는 신앙의 진리, 마땅히 순종해야 하는 하나님의 말씀을 따라 살아가면서 느끼는 행복과 기쁨이 있는 교회가 바로 꿈꾸는 교회가 아니겠습니까? 마땅히 사명 때문에 피 흘림이 있고, 마땅히 감당해야 할 일 때문에 허리띠를 조일 수 있는 교회가 된다는 일이 얼마나 굉장한 일입니까? 이러한 초대교회의 삶이 백성들에게 칭송을 받았습니다. 그리고 하나님께 영광을 돌리는 삶이 되었습니다.

분명한 것은 하나님은 우리의 삶을 통해 영광 받기를 원하신다는 사실입니다. 하나님은 우리의 삶이 매일매일 예배로 드려지기를 원하십니다. 형식적인 예배보다, 매 순간 하나님이 영광을 받으시는 예배자의 삶을 살기 바랍니다. 우리가 꿈꾸는 교회에서는 월요일부터 토요일까지 예배자로 살아간 사람들이 주일을 맞아 감격과 기쁨으로 모이는 교회가 되는 것입니다. 예배의 드림이 감격적인 간증으로 고백되는 시간이 바로 예배의 순간이 되어야 합니다.

그래서 이 예배에는 감동과 눈물이 있고, 함께하는 기쁨이 있어야 합니다. 이 시간이 하나님 앞에서 서로를 격려하며 보듬어주는 시간이 되어야 합니다. 이런 교회가 될 수 있다면, 이런 공동체가 될 수 있다면, 이런 예배를 경험할 수 있다면, 이것이야말로 전혀 새로운 공동체가 아니겠습니까?

디모데전서 1장 19절

믿음과 착한 양심을 가지라 어떤 이들은 이 양심을 버렸고 그 믿음에 관하여는 파선하였느니라

14. 진실함이 능력됩니다

아주 오래된 농담 중에 이런 것이 있었습니다. 예수 믿는 사람들이 물에 빠져 죽으면 뭐가 뜰까요? 입만 둥둥 뜰까요? 아닙니다. 엉덩이가 뜬답니다. 죽어서도 물고기랑 이야기하느라고 엉덩이만 뜬다는 것입니다.

이 이야기가 말하고자 하는 것이 무엇일까요? 세상 사람들이 그리스도인을 바라보는 시선이 '입만 살아 있는' 사람들이라는 말입니다. 행동은 그렇지 않으면서 입만 살아서 입바른 소리만 늘어놓는다는 말입니다.

어떤 분의 책에는 이런 이야기가 있는데, 코미디언과 목사의 다른 점이 무엇이냐는 것입니다. 그분 말에 의하면 코미디언은 거짓말을 사실처럼 이야기하는 사람이고, 목사는 사실을 거짓말처럼 이야기하는 사람이랍니다. 그리스도인이라면 이 이야기를 듣고 웃을 수 없습니다. 정말 속상한 이야기입니다. 목회자가 강단에서 설교하는데, 하나님 말씀을, 진리의 말씀을 이야기하는데 온통 거짓말 같다는 말입니다.

언제부터인가 그리스도인이, 교회가, 목회자가 진실함을 잃어버렸습니다. 능력과 영향력을 잃어버렸습니다. 우리가 어떻게 할 때 이 영향력을 되찾을 수 있을까요? 어떤 교회와 그리스도인이 이 세상에 영향력을 끼칠 수 있을까요? 저는 진실함만이 영향력과 힘이라고 믿습니다. 존 맥아더(John Macarthur)의 《목회자는 리더다》라는 책에 이런 내용이 있습니다.

> "진실성 즉, 영어로는 Integrity로 번역된 히브리어 단어는 '온전함' 또는 '완전함'을 의미한다. 진실성과 동의어는 '정직함' 또는 '위선적이지 않음' '이중적이지 않음'일 것이다. 다른 말로 하면 당신이 아무 것도 감추지 않을 때 당신은 진실한 것이다."

이 말은 우리에게 큰 도전이 됩니다. 하나님 앞에서, 또 사람들 앞에서 감추고 있는 것은 없습니까?

교회의 새로운 도전, 진실함

과거 한국 교회는 큰 부흥의 시기를 지나 왔습니다. 그 과정을 보면 그때의 교회들은 신유의 역사, 축복을 강조하곤 했습니다. 이게 결코 잘못된 일이라고 생각하지 않습니다. 인간에게 원초적으로 질병으로부터 낫고자 하는 욕망이 있는 것은 당연합니다. 그리고 하나님이 고쳐 주시는 것 또한 당연합니다. 그리고 하나님을 믿고 우리가 축복을 받는 것도 당연한 일입니다. 그러나 그 놀라운 일들보다 세상에 더 큰 영향을 끼칠 수 있는 일은 그리스도인들이 이 세상에서 말씀을 붙들고 진실하게 살아가느냐에 대한 것입니다. 얼마나 많은 사람이 교회에 나와 예배 드리고 있느냐가 영향력이 아니라는 말입니다.

이와 비슷하게 평양 지역에서의 부흥도 참 영향력이 있었습니다. 한국 교회 초기, 평양을 부르는 별명이 있었습니다. '동방의 예루살렘'입니다. 1900년대 초에 주일이 되면 평양에 있는 모든 시장과 가게가 일제히 문을 닫았다고 합니다. 당시 평양의 기독교인 수가 전체 인구의 10퍼센트가 채 되지 않았는데, 그들로 인해 주일에 시장이 문을 닫았다는 것입니다. 어떻게 그런 일이 일어났을까요? 그만큼 평양에 있는 기독교인들이 사회에 엄청난 영향력을 끼쳤다는 말입니다.

우리가 잘 아는 1907년 평양 대부흥운동이 어떻게 일어나게 됐는지 아십니까? 길선주 장로님이 예배 시간에 자기 죄를 고백하기 시작할 때 회개 운동이 일어났고 평양이 뒤집어졌습니다. 강력한 영향력을 가진다고 하는 것은 이 땅 위에서 죄를 짓지 않고 살아가는 게 아닙니다. 하나님 앞에서 죄짓지 않고 완전할 수 있는 사람이 있을까요? 그리스도인의 강한 영향력은 우리가 죄짓지 않을 수 있는 능력에서 오는 것이 아닙니다. 죄를 지었을 때 그 죄를 하나님 앞에 고백할 수 있는 능력에서 옵니다.

믿음과 착한 양심을 가지라 어떤 이들은 이 양심을 버렸고 그 믿음에 관하여는 파선하였느니라(딤전 1:19).

말씀에 보니 양심을 버린 것과 믿음이 파선하는 것을 연관지어 말합니다. 우리가 양심을 버리는 것이 믿음을 버린 것과 동일선상에 있다는 말입니다. 믿음으로 세워진 교회도 마찬가지입니다. 교회가 진실성을 잃어버리면 그 교회는 파선하고 맙니다. 그렇다면 착한 양심이란 무엇일까요? 우리가 죄 짓지 않도록 붙들어 주는 능력이 아닙니다. 우리가 믿음으로 살면서 하나님 앞에 죄를 고백하게 만들어 주는 능력입니다. 우리에게 이 선한 능력이 살아 있습니까? 하나님 앞에서 이 착한 양심으로 살아가고 있습니까?

우리가 보통 양심적이라고 말하는 것은, 심은 대로 거두기를 바랄 때를 말합니다. 만약 내가 심은 것보다 더 큰 축복을 바란다면 그것은 은혜이긴 하지만 욕심일 수 있습니다. 만약 우리가 몇 배 큰 축복을 바라보며 산다면, 내가 심은 대로만 거뒀을 때 은혜라고 생각할까요? 만약 그렇다면 우리는 감사를 고백하기 쉽지 않습니다. 그래서 은혜 가운데 사는 사람은 착한 양심을 갖고 살아야 합니다. 하나님이 주시는 축복을 은혜로 고백할 줄 알아야 합니다. 만일 우리 교회 공동체 안에 은혜의 고백이 없다면, 그 교회는 쉽게 건조해지고 심한 경우 타락할 수 있습니다.

제가 선교학을 공부할 당시에 제일 많이 쓰이던 용어 중 하나가 '현존선교(Presence)'라는 말입니다. 이제 세상 사람들은 복음을 들으려하지 않고 보려고 한다는 말입니다. 우리가 말로만 떠들어서는 안 됩니다. 선교를 제대로 하려면 복음을 살아 내는 모습을 보여 주어야 합니다. 현존설교를 말할 때 많이 회자되는 사람이 테레사(Teresa) 수녀입니다.

테레사는 인도의 캘커타에서 길거리의 행려병자들을 위해 온 생애를 헌신했습니다. 어떤 기자가 와서 테레사에게, "당신의 꿈이 무엇입니까?"라고 물었을 때, "이 땅의 모든 사람이 미소를 지으면서 죽어 가는 것입니다"라고 대답했다고 합니다. 죽을 때 미소를 짓기 위해서는 그들의 삶이 행복해야 하기 때문에, 그녀는 그곳의 사람들의 삶의 질을 바꾸어 놓기 위해 평생을 헌신하였습니다.

처음 그녀가 캘커타에 갔을 때, 주민들은 환영하지 않았다고 합니다. 수없이 많은 선교사가 그곳에서 사역하고 복음을 전했지만 주민들은 그들에 대한 반감을 가지고 있었습니다. 선교사들의 복음 뒤에는 늘 강한 군대가 있었고, 그들 뒤에는 경제적인 침략이 뒤따랐습니다. 그들은 복음과 함께 자신들의 이득을 취하려는 이기적인 백인들의 모습을 보았던 것이지요.

그래서 처음에 테레사는 돌을 던지는 주민들의 악의를 견뎌내야 했습니다. 그녀는 주민들을 향해 항변하지도, 예수를 믿으라고 하지도 않았습니다. 단지 그리스도인으로서 묵묵히 그 시간을 견디며 살아갔을 뿐입니다. 많은 시간이 흐른 후 돌을 던지던 주민들이 이렇게 고백합니다.

"우리는 백인 선교사들이 전하는 하나님을 믿지 않습니다. 그러나 테레사가 믿는 하나님을 신뢰합니다."

가장 강력한 선교, 가장 강력한 그리스도인의 삶이란 우리의 삶에 가장 가치 있는 그분, 예수님 때문에 나타나는 모든 일들이 되어야 합니다. 바로 그러한 삶이야말로 가장 강력한 영향력을 발휘하게 될 것입니다.

코로나에 따르는 방역정책이 완화되면서 여기저기 한국 교회에서 연합운동과 집회들이 일어나고 있습니다. 처음에 저는 '아직 코로나가 종식되지 않았는데 우리가 이렇게 많이 모여 집회를 열어도 되는가?' 생각했습니다. 그런데 집회를 통해 그리스도인들이 서로 용기와 위로를 얻는 모습을 보면서 제 생각이 잘못됐다는 것을 알았습니다.

그러나 분명한 것은, 시대가 변함에 따라 이제는 우리가 모여서 은혜를 받고 예배를 드리는 모습이 세상 사람들에게 영향력을 끼치지는 않는다는 것입니다. 이제 사람들은 그리스도인이 수천 명이 모였다고 해서 거기에 흥미를 갖지 않습니다. 우리가 모여서 예배 드릴 때 이 부분을 고민해야 하는 것 아닐까 생각합니다.

그에 반해 저는 요 근래 정말 강력한 복음의 영향력을 보여 준 사람이 있었다고 생각합니다. 서울 아산병원의 주석중 교수입니다. 그가 세상을 떠난 후, 그의 진료실에 여러 기도문이 쓰여 있는 것이 발견되었습니다. 수술은 내가 하지만, 역사하고 고치시는 분은 하나님이시라는 신앙 고백이었습니다. 그는 한 사람이라도 더 살리려고 병원에서 10분 거리에 살았지만, 그의 집에는 라면 스프와 부스러기뿐이었습니다. 그의 삶의 모습이 믿지 않는 사람들에게 분명 강한 영향력을 끼치지 않았을까요? 한 사람이 말씀대로 진실 되게 살아온 삶이 수십만 명이 모여 드리는 예배보다 더 능력이 있는 것 아닐까 하는 생각을 하게 됩니다.

진실과 거짓, 무엇을 택할 것인가

우리는 얼마나 하나님 앞에 성실합니까? 제가 진실함에 대해 이야기하면서 교인들에게 묻는 것이 있습니다. '집에서 사용하는 컴퓨터 소프트웨어 프로그램을 과연 정품으로 사용하고 있는가?' 하는 것입니다. 꽤 오래 전 만나교회는 모든 컴퓨터 소프트웨어를 전부 정품으로 바꿨습니다. 굉장히 큰돈이 들어갔습니다. 쉽지 않은 결단이었습니다. 그러나 그것이 옳다고 여겼습니다. 하나님 앞에서 진실하게, 성실하게 옳은 길을 가는 것은 결코 손해가 아닙니다.

교회가 진실하지 않으면서 세상을 향해 하나님 말씀을 당당하게, 진실하게 말할 수 있겠습니까? 그렇게 하지 않으면 우리가 말씀을 전할 수 없습니다. 우리가 진실하게 살아간다는 것은 그 안에 하나님이 계시다는 것을 말합니다. 그러나 우리가 거짓으로 살아간다는 것은 사탄의 역사가 일어나고 있다는 방증입니다.

우리에게 믿음이 있다는 증거는 우리 안에서 선한 양심이 작동하고 있다는 말입니다. 그러나 언제부터인가 우리에게 선한 양심이 작동하지 않는다면 그건 믿음을 버렸다는 증거입니다.

[1] 그러나 성령이 밝히 말씀하시기를 후일에 어떤 사람들이 믿음에서 떠나 미혹하는 영과 귀신의 가르침을 따르리라 하셨으니 [2] 자기 양심이 화인을 맞아서 외식함으로 거짓말하는 자들이라(딤전 4:1-2).

양심에 화인을 맞았다는 것이 무슨 이야기일까요? 양심이 더이상 작동하지 않는다는 말입니다. 거짓이 습관화되었다는 말입니다. 싱싱한 양심을 유지하기 위해서는 진실함이 습관화되도록 하여야 합니다. 진실함도 연습이라고 생각합니다.

그런데 사실 우리가 선한 양심을 믿음으로 지킨다고 하지만, 정말 온전할 수 있을까요? 목사인 저조차도 자신이 없습니다. 어느 누구든 마찬가지일 것입니다. 제가 조금 위로를 주자면, 우리가 회개할 수 있다면, 회개가 일어나고 있다면 그래도 양심에 화인 맞은 것이 아니라고 생각합니다. 그런데 만약 우리가 하나님 앞에 올바른 일을 하지 않고 죄를 짓는데도 양심에 가책이 들지 않는다면 정말 위험한 일입니다. 양심에 화인을 맞으면 정말 큰일입니다.

여기서 우리가 명확하게 구분해야 하는 것이 있습니다. '솔직함'과 '진실함'의 차이를 아는 것입니다. 종종 우리는 솔직하다는 것을 진실하다고 착각하는 경우가 있습니다. 성경은 우리에게 진실하라고 말하지 솔직하라고 말하지 않습니다. 우리는 솔직하게 이야기할 때, 그것이 하나님의 뜻과 다를 수 있다는 것을 생각할 수 있어야 합니다. 어떤 사람은 정말 솔직한데, 많은 사람을 불편하게 합니다. 굳이 하지 않아도 될 말을 꺼내놔 공동체를 곤란에 빠트립니다. 우리의 솔직함이 진실하기 위해서는 '하나님이 기뻐하시는 일인가' 하는 기준을 충족시켜야 합니다.

우리는 정직과 진실함의 기준이 무너지면 얼마나 허무한지를 압니다. 흔히 우리는 작은 거짓말이 연속적인 큰 거짓말을 만들어 낼 수 있음을 압니다. 사회의 문제를 야기하는 많은 일들은 정직하지 못하므로 일어나는 일들입니다. 잘못을 시인하고 용서를 구하면 될 일을, 거짓으로 위장하여 확산시킵니다.

저는 목회를 하면서 "미안합니다" "죄송합니다"라는 말을 잘하려고 노력합니다. 제가 경험한 바로는, 장로님들과의 회의에서도 실수를 인정하고 도움을 구하면 그리 심각한 문제가 발생하지 않는다는 것을 깨달았기 때문입니다. 어릴 때는 저도 그렇게 못 했습니다. 회의를 할 때면 그렇게 스트레스가 되었습니다. 어느 날 한 장로님이 회의 중에 "목사님 교리와 장정에 의하면 그건 좀 틀린 것 같습니다"라고 말씀하시더군요. 제가 '아, 이건 이렇게 반박을 해야 하겠다' 하고 생각했습니다. 그런데 그 순간 감사하게도 이런 생각이 연이어 떠올랐습니다.

'아니다, 이렇게 반박하면 논쟁이 되고 싸움이 되겠구나.'

저는 그날 그냥 "죄송합니다. 제가 잘못 알았네요. 이럴 땐 어떻게 하면 될까요?" 했습니다. 그랬더니 회의가 평화롭게 마무리되었습니다. 그리스도인의 삶이 좀 심플해 질 필요가 있습니다. "죄송합니다" 한마디면 끝날 일을 변명을 늘어놓으면서 너무 복잡하게 만들고 있는 것인지도 모릅니다. 설령 정말 잘못을 했더라도 즉각적으로 반응해서 회개하는 것이 중요합니다. 죄를 습관화해서는 안 되겠지만, 우리가 용서를 구할 때 하나님은 선한 방법으로 일을 해결하십니다.

주는 선하사 사죄하기를 즐거워하시며 주께 부르짖는 자에게 인자함이 후하심이니이다(시 86:5).

하나님도 참 심플하신 분입니다. 우리가 잘못을 고하면 하나님은 사해 주기를 좋아하시는 분입니다. 그러니까 우리의 선한 양심이 하나님 앞에 살아 있을 때, 우리는 점점 더 진실한 삶을 살아갈 수 있습니다.

나를 드러내라

진실함 가운데 살아가기 위해서 우리에게 중요한 것이 있는

데, 나를 드러내는 것입니다. 하나님 앞에서는 연약함과 죄인된 모습을 그대로 드러내십시오. 그리고 세상에서는 용서받은자, 은총을 입은 자, 하나님의 자녀 됨을 드러내십시오.

제가 하나님의 은혜를 깨닫기 전에는 하나님의 자녀인 것이그렇게 싫고 힘이 들었습니다. 하나님이 나의 삶의 기준을 요구하시는 것도, 사람들이 나에게 다른 잣대로 다른 기준을 요구하는 것도 싫었습니다. "너 목사 아들이 왜 그래? 예수 믿는 사람이 왜 그래?" 하는 말이 그렇게 싫었습니다. 예수를 믿는 것이부담스럽고, 때론 분노가 일기도 했습니다. 그래서 저는 제가어떤 사람인지 잘 밝히지 않았습니다. 피차 불편해질 것이라고생각했습니다.

그런데 은혜를 받고 나니 하나님이 제 생각을 확 바꿔 주셨습니다. 사람들이 제게 요구하는 것이 놀라운 특권이라는 생각이들었습니다. 이것은 세상 사람들이 살 수 없는 삶을 나에게 요구하는 것이었습니다. 그 후로 저는 사람들을 만나면 자신있게말합니다.

"안녕하세요. 저는 김병삼 목사입니다."

참 감사하게도 내가 나를 드러냈더니 사람들이 나를 목사로대우해 주었습니다. 제가 미국 유학을 마치고 한국에 온 지 얼마 되지 않았을 때, 만나교회 앞 한 아파트에서 전세를 얻어 잠시 산 적이 있습니다. 그런데 알고 보니 그 아파트의 한 동 절반정도가 만나교회 교인이었습니다. 앞집 뒷집이 다 우리 교인들이었어요.

한번은 제가 출근길에 아랫집 사는 교인을 만났습니다. 그분이 제게 "목사님 어제 ○○시에 주무셨죠?" 하는 겁니다. 너무 놀라서 "어떻게 아세요?" 하고 여쭸더니 "목사님 발소리가 다 들려요. 우리는 목사님이 어느 방에서 어느 방으로 이동하는지까지다 알아요" 하시는 것입니다. 한번은 우리 집 맞은 편 사는 교인이 똑같이 "목사님은 항상 ○○시에 주무시더라구요" 하시기에 "어떻게 아세요?" 하고 물었습니다. 그랬더니 "저희는 목사님네 불 꺼지는 거 보고 자요" 하시는 것입니다.

그뿐만이 아닙니다. 제가 주례도 봐 주고 코치도 해 주는 청년이 있었습니다. 지금은 어느새 중년이 되었네요. 옛날에는 집집마다 비디오가 있어서 비디오테이프 대여점이 있었지요. 그친구가 거기에서 일을 하고 있었습니다. 한번은 교회에 오더니제게 "목사님, 어제 동부 코오롱 비디오 마트에 갔었죠?" 하는 겁니다. 제가 "어떻게 알았어?" 했더니 "제가 목사님 뭐 빌리나 보고 있었어요" 하더군요.

제가 불편했을까요, 안 불편했을까요? 저는 하나님께 너무나감사했습니다. 마치 그 교인들이 저를 지키는 천사로 느껴졌습니다. 제 주변 곳곳에서 저를 지켜보며 보호하게 하시니 얼마나감사합니까? 내가 부족한 사람이라서, 내가 혹시나 잘못된 일을할까 봐, 내가 어리석은 행동을 할까 봐, 내가 바른 삶을 살아갈수 있도록 하나님이 나를 지키시는 것 같았습니다. 나를 드러내는 일은 정말 복된 일입니다.

저는 개인적인 메일, 컴퓨터, 통장 등 모든 것을 열어 놓습니다. 은행에서 돈을 찾아야 할 때는 재무부와 같이해야 계좌를 열 수 있습니다. 저는 비밀번호도 잘 기억하지 못해서 제 비서와 공유해야 문제가 생기지 않습니다. 어떤 사람들은 불편하지 않느냐고 물어보는데, 저는 이게 편합니다.

이렇게 삶에서 나를 정확하게 드러낸다는 것은 삶의 진실성을 유지하는 일입니다. 하나님 앞에서 성실성을 유지할 수 있는 중요한 요소가 되는 것입니다. 또한 이러한 '드러냄'이 때로는 영향력이 되기도 합니다. 세상 사람이 인정하기 때문입니다. 이처럼 어디에서나 그리스도인으로서의 내가 드러나고, 신실함을 인정받을 때 영향력 있는 삶을 살 수 있지 않겠습니까?

척하지 말고 영적인 삶을 살라

만약 우리가 하나님 앞에서 살아가면서 사람들과의 관계나 드러나는 것이 불편해지고 있다면, 거기에는 '척'하며 사는 모습이 있을지도 모릅니다. 물론 우리가 갖춰야 할 예의와 태도가 있어요. 그런 걸 무시하라는 말이 아닙니다. 중요한 것은 우리가 영적인 삶을 살아가는가, 영적인 척을 하는가가 구분되어야 한다는 것입니다.

영적인 삶을 살아가면 사람들 때문에 별로 불편하지 않습니다. 그런데 영적인 척을 하면 사람들 앞에서 불편해집니다. 하나님 앞에서도 그렇습니다. 영적인 삶을 살아가면 하나님 앞에 서는 것이 불편하지 않습니다. 그런데 영적인 척을 하면 예배 시간도, 기도의 자리도 불편합니다. 하나님 앞에 나왔다고 하지만 사람이 신경쓰여서 그렇습니다. 내가 예배당에서 만나는 사람이 신경쓰이고 있다면, 그것은 영적인 척하고 있다는 증거입니다.

세상 사람들이 경멸하는 것은 그리스도인이 아니라, 그리스도인인 척 하는 사람들입니다. 사람을 의식하기 때문에 조심하던 사람의 행동이 아무도 없는 것 같은 곳에서 드러날 때 얼마나 무안하겠습니까? 아는 사람이 없을 때 방종한 모습을 누군가가 본다면, 그것이 얼마나 가증스럽겠습니까?

아무도 아는 사람이 없는 곳, 하나님만이 계신 곳에서 진실하다면 우리는 영적인 삶을 살고 있는 것입니다. 정말 아무도 아는 사람이 없는 것 같은 곳에서 드러나는 우리의 그리스도인다움을 누군가 보았을 때, 그 힘과 능력이 얼마나 굉장하겠습니까? 영적인 삶을 사십시오!

저는 만나교회, 나아가 한국 교회를 향해 꿈을 꿉니다.

"하나님, 우리가 이 세상에 하나님 믿는 사람으로 살아가는데 비웃음거리와 조롱거리가 되지 않게 하여 주옵소서. 하나님을 믿는 사람으로서 세상을 움직일 수 있는 영향력을 가질 수 있게

하여 주옵소서. 영적 능력과 생명을 주는 일탈을 일삼는 그리스
도인, 하나님의 사람들이 되게 하여 주옵소서."

나와 우리가 그렇게 믿음의 삶을 살아 내고 이겨 낼 수 있기
를 주님의 이름으로 간절히 축원합니다.